L'industrie est-elle plus verte ailleurs ?

Image de couverture :
Vêtements sur l'herbe (détail),
Seurat Georges (1859-1891)
Localisation : Royaume-Uni, Londres, Tate Collection.
Photo © Tate, Londres, Dist. GrandPalaisRmn / Tate Photography

David Lolo, *L'industrie est-elle plus verte ailleurs ? La France face à l'Allemagne*, Paris, Presses des Mines, 2024.

ISBN : 978-2-38542-597-5
ISSN : 2495-1706

81, boulevard Saint-Michel – 75005 Paris – France
info@la-fabrique.fr
www.la-fabrique.fr

Direction artistique : Franck Blanchet
Couverture et mise en page : Chloé Laforest
Dépôt légal : 2024
Achevé d'imprimer en 2024 – Imprimerie Chirat
Cet ouvrage est imprimé avec des encres végétales sur papiers issus de forêts gérées durablement.

L'industrie est-elle plus verte ailleurs ?

La France face à l'Allemagne

David Lolo

McKinsey & Company

La Fabrique de l'industrie
laboratoire d'idées

Préface

Quel dirigeant français n'a jamais balayé d'un revers de main l'argument de son responsable de production, qui expliquait ne pas avoir atteint ses objectifs à cause d'un mix produit défavorable, pensant y voir une excuse facile ? Il est vrai que chercher à comprendre en entrant dans le détail des temps machine par produit peut être long et se conclure par un « vous avez raison », pas forcément perçu comme un encouragement à mieux faire. Au risque de sombrer dans le stéréotype, il faut aussi constater qu'un dirigeant allemand, souvent issu du rang, trouvera beaucoup plus de plaisir à cet examen détaillé, « *sachlich* » (des faits, rien que des faits), qu'un dirigeant français, généralement plus porté sur la stratégie et les idées. Malheureusement, la production industrielle est affaire de détail, et c'est sans doute ce souci du détail qui fait la réussite de l'industrie manufacturière allemande.

La Fabrique de l'industrie a souhaité se pencher sur un paradoxe : l'industrie française émet davantage de CO_2 par unité d'œuvre que l'industrie allemande. Un choc pour le Français, fier de son électricité décarbonée et prompt à critiquer les centrales au lignite de son voisin. Et c'est là ou l'étude détaillée de la manière dont on mesure, de ce que l'on mesure, et des typologies différentes des industries de nos deux pays prend toute sa valeur.

David Lolo nous offre ici un remarquable travail de précision et nous plonge dans les arcanes de la comptabilité environnementale.

Il faut d'abord comprendre que le « reporting » environnemental n'est pas encore totalement figé et qu'il est nécessaire d'analyser certaines ruptures dans les séries statistiques pour y déceler des changements de méthode. Ensuite, il convient de constater que les industries présentes dans nos deux pays sont très différentes. Enfin, au sein d'un même secteur industriel, il est crucial d'identifier les différences de production entre nos deux nations.

Cela demande de rentrer dans le détail. L'examen de quatre secteurs principaux – acier, ciment, verre, chimie – et notamment des différences au sein d'un même secteur, est porteur d'explications. La part plus importante du verre creux favorise la France.

L'importation de clinker par les cimentiers français les avantage sans doute, mais d'un facteur difficile à chiffrer…

On en ressort soulagé : il n'existe pas de différence majeure, au sein d'un même secteur (acier, verre, ciment, chimie), entre nos industries respectives. Compte tenu de la maturité de ces secteurs, les écarts sont dus au mix produit et assez peu à la technologie. Il n'y a guère que dans la production d'électricité que l'écart entre nos deux pays est significatif, en raison des visions différentes sur le nucléaire.

Un point cependant reste source de divergences lorsqu'on mesure le CO_2 émis par euro de valeur ajoutée : la capacité de l'industrie allemande à se positionner sur des produits haut de gamme, générant ainsi plus de valeur ajoutée par unité d'œuvre que son voisin français. Un effet de dénominateur assez difficile à chiffrer précisément. Là réside une partie de nos faiblesses, notamment à l'exportation.

On retiendra aussi de ce travail de bénédictin qu'il est impossible de traiter ces sujets sans entrer dans le détail. Cela rendra certainement la communication sur ces sujets difficile, tant le débat public se contente de diagnostics simplistes et à l'emporte-pièce. Il faut rendre hommage à La Fabrique de l'industrie d'avoir pris le risque d'aborder cette complexité en la rendant accessible à tous ceux qui auront la curiosité de chercher à comprendre, plongeant ainsi dans un tableau comparatif de la structure industrielle de nos deux pays. Cela souligne l'importance d'une analyse détaillée pour éviter des conclusions simplistes et pour élaborer des politiques environnementales plus efficaces.

En conclusion, cette étude approfondie invite à une réflexion sur la complémentarité des approches françaises et allemandes. Plutôt que de les opposer, il est possible d'en tirer des leçons mutuelles pour améliorer la compétitivité et la durabilité des industries. La rigueur et le souci du détail des Allemands, combinés à la vision stratégique et à l'innovation des Français, pourraient créer une synergie bénéfique pour l'ensemble de l'Europe industrielle. En comprenant et en intégrant les points forts de chaque approche, les dirigeants peuvent développer des stratégies plus équilibrées et performantes, adaptées aux défis actuels et futurs de l'industrie européenne.

Guy Maugis
Président de la Chambre Franco-allemande de commerce et d'industrie

Remerciements

L'auteur remercie l'ensemble des experts rencontrés dans le cadre de cette étude, et notamment Bruno Jacquemin, Marc Pleuvy et Maxime Lazard (A3M), Jacques Bordat (Fédération des industries du verre), Nicolas Mouchnino (France Ciment), Muriel Pignon (Ufip Énergies et Mobilités), Sylvain Le Net (France Chimie), Annabelle Livet (Fondation pour la recherche stratégique), Matthieu Jehl (ArcelorMittal France) et Laury Barnes-Davin (Vicat).

L'auteur remercie également les experts du Service des données et études statistiques (SDES) du ministère de la Transition écologique et de la Cohésion des territoires, du Citepa, de l'Insee et d'Eurostat pour leurs éclairages ainsi que pour leur travail de production de statistiques qui sont au fondement de cette investigation.

Cette étude a été menée en collaboration avec le cabinet McKinsey & Company. L'auteur remercie l'ensemble du groupe de travail composé de Mélanie Gilavert et Lucie Bertholon (consultantes seniors), Alain Imbert (manager) et Matthieu Dussud (directeur associé du bureau de Paris). L'auteur remercie enfin les experts interrogés Peter Crispeels (directeur associé et directeur du bureau de Lyon), Christophe François (directeur associé senior du bureau de Paris) et Frank Bekaert (directeur associé senior du bureau de Bruxelles).

Résumé

Cet ouvrage part du constat que l’industrie française apparaît plus carbonée que l’industrie allemande dans les données d’Eurostat. Pour ce qui est de ses émissions directes (scope 1), l’industrie manufacturière française a en effet émis 380 g. éq. CO_2 par euro de valeur ajoutée en 2021, soit un tiers de plus que son homologue allemande (290 g éq. CO_2/€ VA). Cet écart défavorable, observé de manière plus ou moins prononcée dans un grand nombre de secteurs industriels, fait plus que compenser l’avantage comparatif dont bénéficie l’industrie française à travers son électricité grandement décarbonée, et qui lui vaut une intensité carbone de scope 2 quatre fois plus faible qu’en Allemagne. On peut dès lors se demander si l’industrie française est en retard sur sa voisine s’agissant de la décarbonation de ses sites et procédés.

Les investigations menées dans cette étude, d’abord à l’échelle de l’industrie manufacturière dans son ensemble puis à l’échelle des grandes industries émettrices de gaz à effet de serre (acier, ciment, verre, raffinage et chimie), nous invitent à répondre par la négative : ces écarts franco-allemands d’intensité carbone sont avant tout le reflet de mix sectoriels et produits différents.

Pour commencer, la surreprésentation des industries émettrices dans le tissu industriel français par rapport au tissu industriel allemand (ou, en d’autres termes, l’effacement relatif en France de secteurs aval tels que l’industrie automobile) explique à elle seule les trois quarts de l’écart constaté plus haut.

Cet effet de composition est également de mise à l’échelle intra-sectorielle, où l’intensité carbone varie de manière importante en fonction des produits. Dans l’industrie du ciment par exemple, l’intensité carbone varie du simple au triple entre le ciment Portland, le plus riche en clinker et donc le plus carboné, et les ciments de substitution. Dans l’industrie du verre, l’intensité carbone est plus faible sur le segment du verre creux que sur celui du verre plat, le premier intégrant deux à trois fois plus de verre recyclé que le second. Cet effet de mix produits joue ainsi en faveur de la France dans l’industrie de l’acier et, de façon plus visible encore, dans l’industrie du verre.

Par ailleurs, les nombreux biais d'analyse relevés au cours de cette étude nous appellent à redoubler de prudence avant de comparer des intensités carbone entre pays.

À l'échelle nationale, la différence de niveau de gamme entre les industries des deux pays biaise la comparaison de leur intensité carbone sur la base de leur valeur ajoutée. Même après avoir tenu compte de l'effet de composition sectorielle mentionné ci-dessus, une part impossible à quantifier de l'écart résiduel entre la France et l'Allemagne tient en effet à cette différence de niveau de gamme, en faveur de l'industrie allemande. En raisonnant par tonne de production dans le cadre des études de cas, les écarts constatés apparaissent bien plus faibles.

Il en va de même à l'échelle sectorielle : la comparabilité des données entre les deux pays peut être compromise du fait de différences entre les périmètres d'émissions. Ces différences peuvent, d'une part, découler des arbitrages méthodologiques des instituts d'inventaire en matière de comptabilité environnementale. Dans l'industrie de l'acier par exemple, la sortie d'une part plus ou moins importante des émissions de gaz sidérurgiques, afin de tenir compte des flux d'énergie entre installations industrielles et énergétiques, introduit une incertitude sur le niveau réel d'intensité carbone du secteur. La possibilité de ruptures statistiques, relevées dans les industries de l'acier et du raffinage de pétrole, fragilise encore davantage la comparabilité des données dans le temps et dans l'espace.

Les écarts comptables peuvent, d'autre part, découler de répartitions différentes entre scopes d'émissions au sens du GHG Protocol. Une intensité carbone en apparence faible en scope 1 peut ainsi cacher un scope 2 plus carboné. C'est en particulier ce qui ressort du benchmark de l'industrie chimique. Si la chimie allemande apparaît structurellement moins carbonée que la chimie française, c'est parce qu'elle compte d'importantes activités électro-intensives dont les émissions énergétiques sont rattachées au scope 2. Or, là où la France présente une production électrique parmi les plus décarbonées de l'Union européenne, portée notamment par l'énergie nucléaire, l'Allemagne s'appuie encore en partie sur le charbon pour produire son électricité. Un choix historique qui pénalise l'industrie allemande à l'heure de sa décarbonation : celle-ci ne saurait en effet faire l'économie de l'électrification des procédés et de l'hydrogène décarboné pour atteindre la neutralité carbone à l'horizon 2045.

Sommaire

Chapitre 4

Chapitre 5

Chapitre 6

INTRODUCTION

La stratégie nationale bas carbone de la France trace une trajectoire de réduction des émissions de gaz à effet de serre jusqu'en 2050, avec l'objectif d'atteindre la neutralité carbone à cette échéance. En 2021, l'Allemagne a, de son côté, avancé cet objectif de neutralité carbone à 2045 et a renforcé ses cibles intermédiaires pour 2030. Plusieurs décisions de justice ont en effet jugé insuffisante l'action climatique des États : condamnation de l'État allemand par la Cour constitutionnelle de Karlsruhe en 2021, de l'État français par le tribunal administratif de Paris la même année.

Ces décisions invitent à s'interroger sur le rythme réel de décarbonation de la France, de l'Allemagne et de leurs voisins. Cet exercice n'a cependant rien d'évident, la comptabilité environnementale sur laquelle il faut s'appuyer pour ce faire étant encore relativement récente. Il a en effet fallu attendre 1992 et la reconnaissance du réchauffement climatique mondial dans le cadre du Sommet de Rio pour que s'amorce une institutionnalisation à grande échelle des inventaires d'émissions de GES[1].

Cette Note de La Fabrique de l'industrie se saisit de cette manne statistique nouvelle pour répondre à la question : l'industrie française serait-elle plus carbonée que l'industrie allemande ? Ou, plus précisément, comment expliquer que l'industrie française apparaisse effectivement plus carbonée que l'industrie allemande dans les données d'Eurostat, si l'on compare les quantités de GES de scope 1 émises par euro de valeur ajoutée, ce alors même que les experts de terrain estiment, pour leur part, que les installations industrielles ont des performances environnementales tout à fait comparables de part et d'autre du Rhin en matière d'émissions directes ?

À notre connaissance, cette problématique n'a pas fait l'objet de travaux dédiés récents. La majorité des travaux identifiés, qui exploitent les données annuelles d'émissions

1. Pour plus d'informations sur la genèse des Conférences des Parties (COP) et des inventaires d'émissions de gaz à effet de serre (GES), voir par exemple Collard (2021).

de GES, s'attachent plutôt à en identifier les facteurs d'évolution sous-jacents à l'aide de modèles statistiques (équation de Kaya[2] par exemple), et ce dans la perspective d'éprouver empiriquement l'hypothèse d'un « découplage » entre l'évolution du produit intérieur brut (PIB) et des émissions.

Par ailleurs, les travaux comparant spécifiquement la France et l'Allemagne sous l'angle environnemental se cantonnent souvent à l'analyse qualitative de leurs stratégies énergétiques respectives. Le choix d'un mix énergétique propre à chaque pays constitue, il est vrai, un sujet majeur pour la recherche mais ne concerne qu'une fraction seulement des émissions de GES. Le présent document a donc vocation à enrichir la littérature en proposant une analyse empirique des émissions industrielles directes, qui représentaient 20 % des émissions nationales de GES en France et 23 % en Allemagne en 2021.

Dans cette étude, la performance environnementale est appréciée à l'aide d'un indicateur d'intensité carbone qui désigne les émissions directes de GES par unité de valeur ou de volume. Les émissions directes sont entendues au sens du scope 1 du GHG Protocol ; elles couvrent les émissions des sources de combustion (hors électricité et chaleur du réseau) et des procédés industriels[3]. Sur la base de cette définition, les données disponibles sur Eurostat présentent une industrie française plus carbonée que l'industrie allemande, au sens où elle émet, en moyenne, davantage de GES pour un même euro de valeur ajoutée. Il s'agit là du point de départ de cette étude.

Cette Note s'attache dans un premier temps à prendre la mesure de l'écart franco-allemand, et à explorer les premières pistes d'explication qu'il peut suggérer. Elle complète, dans un deuxième temps, ce panorama national en étudiant les cas des grandes industries lourdes. Elle intègre, dans un troisième temps, les émissions liées à la consommation d'électricité (rattachées au scope 2) qui constituent cette fois une avance française, dont elle cherche à prendre la mesure, à ce jour et à plus long terme. Les émissions de scope 3 (liées aux fournisseurs, partenaires et clients), quant à elles, ne sont pas comprises dans le périmètre de cette étude.

---

2. L'équation de Kaya est une méthode statistique développée par l'économiste japonais Yoichi Kaya en 1993 pour relier les émissions de CO_2 à des paramètres démographiques, économiques et énergétiques.

3. Les sources de combustion sont notamment les chaudières, les turbines et les fours avec ou sans contact. Les émissions de procédés industriels désignent les émissions qui ne découlent pas d'opérations de combustion ; elles émanent, entre autres, de l'opération de décarbonatation de minéraux, du recours au gaz naturel en tant que matière première et de l'oxydo-réduction de fer dans un haut-fourneau.

CHAPITRE 1

L'intensité carbone de l'industrie en France et en Allemagne : une vue d'ensemble

Une industrie française plus carbonée en moyenne

Cet ouvrage part du constat que l'intensité carbone de l'industrie, définie ici et dans la suite de ce chapitre comme le volume d'émissions directes de GES par euro de valeur ajoutée, est plus élevée en France qu'en Allemagne, d'après les données d'Eurostat. En 2021[4], l'industrie manufacturière française a émis 380 g éq. CO_2 par euro de valeur ajoutée brute[5], contre 290 g éq. CO_2/€ VA brute émis par son homologue allemande et 366 g éq. CO_2/€ VA brute à l'échelle européenne (voir figure 1.1).

Cette différence d'intensité carbone mesurée à l'échelle nationale cache des écarts sectoriels importants (voir figure 1.2). L'industrie française serait ainsi moins carbonée que l'industrie allemande dans les secteurs de la cokéfaction-raffinage, dans l'industrie du textile et l'industrie du papier carton, et plus carbonée en revanche dans les industries automobile, pharmaceutique et des équipements électriques.

4. L'année 2021 a été retenue comme année de référence dans l'ensemble de l'ouvrage. Les années 2020 et 2022 sont trop singulières en raison respectivement de la crise sanitaire et de la crise énergétique.

5. Un gramme d'éq. CO_2/€ VA brute est égal à une tonne d'éq. CO_2/M€ VA brute.

Figure 1.1 – Intensité carbone de l'industrie manufacturière en 2021 (en g éq. CO_2 par euro de valeur ajoutée brute)

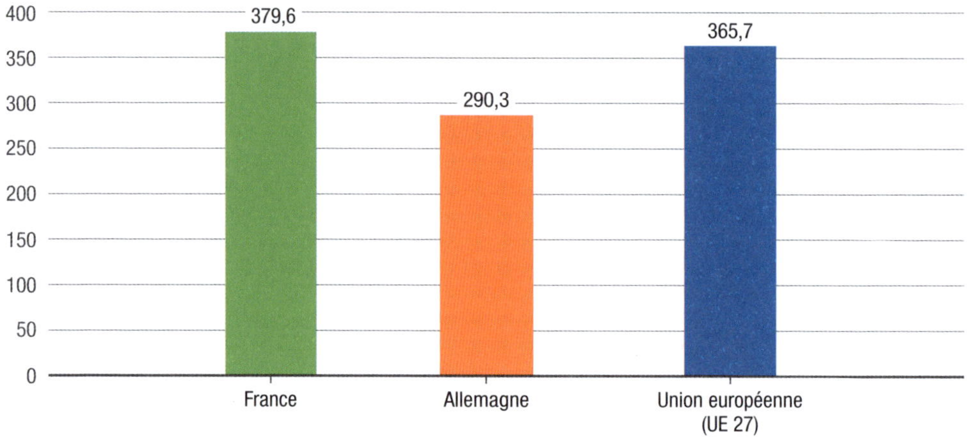

Source : Eurostat.

Mesurer l'intensité carbone à l'échelle nationale : éclairages techniques

Mesurer l'intensité carbone de l'industrie à l'échelle nationale ne va pas de soi et suppose de choisir les données d'émissions et d'activité à mobiliser.

Au numérateur, figurent les émissions de gaz à effet de serre (GES), pour lesquelles existent plusieurs bases de données. Certaines répondent à des exigences institutionnelles : c'est le cas de l'inventaire annuel soumis à l'Organisation des Nations unies (au format de la convention cadre des Nations unies sur les changements climatiques, ou CCNUCC) et de la base de données produite dans le cadre de la feuille de route nationale de décarbonation (au format nommé « secteurs économiques et énergie » ou Secten en France). D'autres s'insèrent dans des chantiers statistiques annuels : c'est le cas de l'inventaire *Air Emissions Accounts* (ou AEA)[6], mis en place en 2011 sous l'égide d'Eurostat pour développer la comptabilité environnementale au sein de l'Union européenne. En France et en Allemagne, ces formats d'inventaire ayant tous les trois un caractère obligatoire, ils sont produits

6. Anciennement appelé NAMEA (*National Accounting Matrix, Including Environmental Accounts*).

Figure 1.2 – Intensité carbone de l'industrie manufacturière par secteur en France et en Allemagne en 2021 (en g éq. CO_2 par euro de valeur ajoutée brute)

	France	Allemagne	Écart entre la France et l'Allemagne (*)
Cokéfaction et raffinage	2 342,3	5 352,3	–56 %
Réparation et installation de machines et d'équipements	22,3	31,5	–29 %
Imprimerie et reproduction d'enregistrements	63,2	86,9	–27 %
Industrie du textile, habillement, cuir et chaussure	69,1	92,0	–25 %
Industrie du papier et du carton	569,1	711,7	–20 %
Métallurgie	2 470,9	3 023,3	–18 %
Fabrication d'autres matériels de transport	29,5	32,1	–8 %
Fabrication de produits informatiques, électroniques et optiques	24,1	24,9	–3 %
Industries alimentaires ; fabrication de boissons et de produits à base de tabac	218,5	222,6	–2 %
Fabrication de produits en caoutchouc et en plastique	87,3	72,4	21 %
Fabrication d'autres produits minéraux non métalliques	2 335,1	1 912,7	22 %
Fabrication de meubles ; autres industries manufacturières	39,1	31,8	23 %
Fabrication de produits métalliques, hors machines et équipements	65,1	52,2	25 %
Industrie chimique	837,1	653,7	28 %
Fabrication de machines et équipements	48,4	32,5	49 %
Travail du bois et du liège, hors meubles ; vannerie et sparterie	109,2	63,9	71 %
Industrie automobile	92,7	45,0	106 %
Industrie pharmaceutique	93,3	31,0	201 %
Fabrication d'équipements électriques	82,7	18,6	344 %

Source : Eurostat.

(*) Un écart positif signifie que l'intensité carbone est plus élevée en France qu'en Allemagne.

respectivement sur la base des estimations du Citepa et de l'UBA[7].

La principale différence entre les formats susmentionnés est la nomenclature de rapportage. Les formats CCNUCC et Secten ventilent les émissions par source émettrice en distinguant les émissions de combustion et les émissions de procédés industriels. Le format AEA, quant à lui, se calque sur la nomenclature statistique des activités économiques (nomenclature à deux chiffres) pour distribuer les émissions. Pour cette raison, ce format AEA s'avère le plus pertinent pour notre benchmark, puisqu'il nous permet de rapporter les émissions au volume d'activité dans chaque secteur, comme le confirme le guide méthodologique de l'Institut français de l'environnement[8] (Ifen, 2006).

Toutefois, ces données d'émissions au format AEA ne permettent pas toujours d'apprécier les réalités industrielles. Un même secteur peut en effet recouvrir plusieurs sous-secteurs très distincts. C'est notamment le cas du secteur de la métallurgie (qui comprend la sidérurgie et la fabrication d'aluminium) et des produits minéraux non métalliques (qui comprend la fabrication de verre et de ciment).

Intervient ensuite le choix de la donnée à porter au dénominateur. Rapporter les émissions d'un pays ou d'un secteur à son activité est en effet indispensable pour permettre des comparaisons. Or, il n'y a pas de consensus dans la littérature sur la nature de la donnée à retenir. Certains travaux utilisent la valeur de production (voir par exemple Rottner et von Graevenitz, 2022) ; d'autres utilisent la valeur ajoutée (Insee, 2022). Nous retenons cette seconde approche ici, dont nous constatons qu'elle prévaut dans les analyses de l'Insee, de l'OCDE et de l'Agence internationale de l'énergie (AIE).

Ce choix n'est pas neutre. D'une part, la valeur de production ne désigne qu'imparfaitement l'activité d'un secteur dans un territoire donné, dans la mesure où elle intègre aussi ses consommations intermédiaires (intrants, services et produits semi-finis, en partie importés), en plus de sa valeur ajoutée. Cela est susceptible de fausser la comparaison entre pays, selon leurs positionnements respectifs sur les chaînes de valeur mondiales. D'autre part, l'approche par la valeur ajoutée permet bien de retirer les consommations intermédiaires de l'analyse mais n'est pas pour autant exempte de certaines limites, comme le biais de gamme qui sera discuté plus loin dans ce chapitre.

---

7. *Umweltbundesamt* en allemand ou *General Environment Agency* en anglais.

8. L'Institut français de l'environnement (Ifen) est l'ancien service statistique du ministère de l'Écologie et du Développement durable. Il est aujourd'hui nommé Service des données et études statistiques (SDES).

Des effets de structure et de gamme essentiels

La différence de structure des tissus industriels comme première explication

Un tissu industriel dont les activités intensives en carbone sont surreprésentées affiche nécessairement, toutes choses égales par ailleurs, une intensité carbone plus élevée en moyenne. C'est ce qui se passe dans le cas français, qui subit un biais de structure par rapport à l'industrie allemande. La métallurgie, la chimie, la fabrication de produits minéraux non métalliques, l'industrie du papier carton et la cokéfaction-raffinage, qui sont les cinq industries les plus émettrices de carbone[9], représentaient 21,0 % de la valeur ajoutée manufacturière française en 2021, contre 15,5 % outre-Rhin (voir annexe I). Cette surpondération est assez directement le résultat de l'effacement relatif du secteur automobile dans l'industrie française au regard de la situation allemande.

Donnant la mesure de cet effet structurel, sur l'année 2021, la figure 1.3 montre que l'industrie allemande serait plus carbonée que l'industrie française si sa structure sectorielle était identique à celle qui est observée en France : son intensité carbone moyenne passerait de 290 g éq. CO_2/€ VA à 412 g éq. CO_2/€ VA. Le travail d'estimation est restitué en annexe I, en réalisant le même exercice hors cokéfaction-raffinage, secteur dont l'intensité carbone est à prendre avec précaution[10] : l'intensité carbone de l'industrie allemande atteindrait presque le niveau constaté en France, quoiqu'en restant légèrement inférieure cette fois (elle atteindrait 323 g éq. CO_2/€ VA contre 251 g éq. CO_2/€ VA aujourd'hui).

C'est donc la structure sectorielle qui explique, avant toute autre chose, l'écart d'intensité carbone de l'industrie en France et en Allemagne.

> « À tissus industriels identiques, l'intensité carbone de l'industrie allemande atteindrait presque le niveau constaté en France. »

9. Ces cinq secteurs représentaient à eux seuls 80 % des émissions de l'industrie manufacturière en France et 84 % en Allemagne en 2021.

10. Parmi les indicateurs sectoriels d'intensité carbone, celui de la cokéfaction-raffinage est à prendre avec le plus de précaution en raison des particularités de ce secteur. D'une part, les marges brutes de raffinage de pétrole (contenues dans la valeur ajoutée) sont très volatiles et dépendent des cours mondiaux du baril de pétrole, ce qui peut conduire à des évolutions significatives de l'intensité carbone d'une année à l'autre. D'autre part, l'activité du raffinage de charbon bénéficie en Allemagne d'importantes subventions d'exploitation qui biaisent la valeur ajoutée, et donc l'indicateur d'intensité carbone allemand.

Figure 1.3 – Intensité carbone estimée de l'industrie manufacturière à tissus industriels identiques (en g éq. CO_2 par euro de valeur ajoutée)

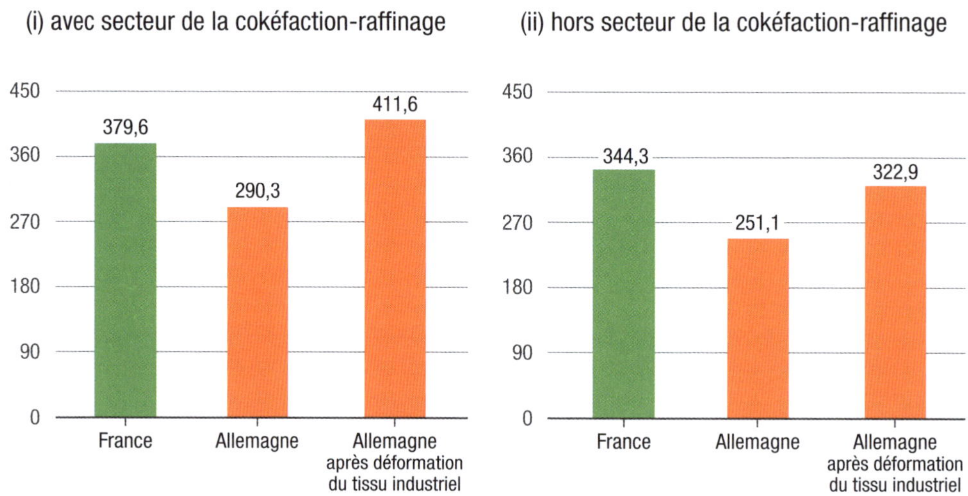

Estimations La Fabrique de l'industrie d'après Eurostat.

Un niveau de gamme en faveur de l'industrie allemande

Outre cet effet de composition sectorielle, un écart de positionnement de gamme, et plus largement de compétitivité hors prix, entre les industries française et allemande affecte la comparaison de leur intensité carbone. En effet, une industrie mieux ancrée dans la production haut de gamme dégage plus de valeur ajoutée que ses concurrentes, sans forcément produire plus d'émissions de GES, ce qui fait baisser son intensité carbone et son intensité énergétique.

Contactés dans le cadre de cette étude, les experts de l'Insee ont bien admis la possibilité d'un tel biais de gamme dans la comparaison franco-allemande, ce que confirment nos propres analyses. Ainsi, par exemple, le secteur de fabrication des produits minéraux non métalliques fait apparaître, en figure 1.2, une intensité carbone par euro de valeur ajoutée sensiblement plus élevée en France qu'en Allemagne. Pourtant, nous verrons dans les chapitres suivants que, aussi bien pour le ciment que pour le verre, les deux sous-secteurs principaux (et carbonés) de cette activité, les écarts franco-allemand d'intensité carbone recalculée par tonne de production sont plus faibles. C'est donc que le décalage provient d'ailleurs, sans doute d'un positionnement de gamme différent.

Malheureusement, la compétitivité hors prix de la production industrielle est relativement délicate à chiffrer de manière agrégée car elle réclame une approche statistique indirecte. Elle regroupe en effet « tous les facteurs autres que le prix comme critères dans le choix du consommateur (qualité, innovation, design, image de marque, réseaux de distribution, services après-vente). [...] La compétitivité "hors-prix" apparaît donc par définition comme une notion très étendue qui englobe de multiples attributs non mesurables directement » (Sautard *et al.*, 2014). Toutefois, les travaux de recherche consacrés au positionnement de gamme des industries française et allemande (Artus et Broyer, 2013 ; Sautard *et al.*, 2014 ; Bas *et al.*, 2015) s'accordent sur leur méthodologie générale et sur leurs conclusions. En s'appuyant sur le calcul d'élasticités-prix de la demande à l'export (c'est-à-dire sur les variations de la demande en réponse à une variation de prix donnée), ils observent que la demande étrangère est globalement moins sensible aux variations de prix des biens allemands qu'à celles des biens français, ce qu'ils traduisent comme une meilleure compétitivité hors prix. Pour la majorité des secteurs, « *la France fabrique des variétés moins sophistiquées de chaque produit que l'Allemagne* », énoncent ainsi Artus et Broyer (2013).

On dispose donc, à l'échelle sectorielle, de mesures de cet écart de niveau de gamme, qui sont d'ailleurs cohérentes avec les écarts d'intensité carbone présentés dans la figure 1.2. D'après les résultats de Bas *et al.* (2015), les secteurs où le positionnement haut de gamme de l'Allemagne est le plus fort sont l'industrie automobile (pièces détachées et véhicules) et l'industrie des produits métalliques (dont les machineries et les machines-outils). Ce sont deux industries qui présentent une intensité carbone moins élevée que leurs homologues françaises. De la même façon, l'industrie française affiche une forte compétitivité hors prix dans l'aéronautique et la mode (maroquinerie et vêtements), deux secteurs où l'écart d'intensité carbone est, cette fois, en faveur de la France (voir figure 1.4).

Il existe donc bien un effet de gamme qui s'ajoute à l'effet sectoriel exposé plus haut, mais que l'on ne peut chiffrer précisément, faute de pouvoir simuler un scénario contrefactuel dans lequel l'industrie allemande serait fictivement affectée du niveau de gamme de l'industrie française.

Figure 1.4 – Le classement des 10 premiers secteurs pour la compétitivité hors prix en France et en Allemagne

(i) France

Rang	Secteur	Écart d'intensité carbone entre la France et l'Allemagne (*)
1	Aéronautique	Fabrication d'autres matériels de transport (–8 %)
2	Maroquinerie	Fabrication de textiles, industrie de l'habillement, du cuir et de la chaussure (–25 %)
3	Vin	Industries alimentaires ; fabrication de boissons et de produits à base de tabac (–2 %)
4	Appareils de distribution électrique	Fabrication d'équipements électriques (344 %)
5	Pièces détachées automobiles	Industrie automobile (106 %)
6	Produits laitiers	Industries alimentaires ; fabrication de boissons et de produits à base de tabac (–2 %)
7	Vêtements	Fabrication de textiles, industrie de l'habillement, du cuir et de la chaussure (–25 %)
8	Plastiques	Industrie chimique (28 %)
9	Autres produits métalliques	Fabrication de produits métalliques (25 %)
10	Produits plastiques	Fabrication de produits en caoutchouc et en plastique (21 %)

(ii) Allemagne

Rang	Secteur	Écart d'intensité carbone entre la France et l'Allemagne (*)
1	Pièces détachées automobiles	Industrie automobile (106 %)
2	Métaux non ferreux	Métallurgie (–18 %)
3	Produits plastiques	Fabrication de produits en caoutchouc et en plastique (21 %)
4	Véhicules automobiles	Industrie automobile (106 %)
5	Autres produits métalliques	Fabrication de produits métalliques (25 %)
6	Appareils de distribution électrique	Fabrication d'équipements électriques (344 %)
7	Machineries et autres	Fabrication de machines et d'équipements (49 %)
8	Machines-outils	
9	Instruments de précision	Fabrication de produits informatiques, électroniques et optiques (–3 %)
10	Composants électroniques	

Source : Bas et al., *2015. (*) Données 2021 (puisées de la figure 1.2). Un écart positif signifie que l'intensité carbone est plus élevée en France qu'en Allemagne.*

Les industries française et allemande affichent par ailleurs des mix énergétiques similaires

Indépendamment de ces effets de structure sectorielle et de gamme, il est important de vérifier que les performances énergétiques de l'industrie ne sont pas meilleures outre-Rhin.

D'une part, les industries française et allemande ne présentent pas de différence notable de mix énergétique : les données d'Eurostat présentées dans la figure 1.5 ne font pas état d'une sortie des énergies fossiles plus avancée outre-Rhin (voir le détail par secteur en annexe II).

D'autre part, en rapportant la consommation énergétique de l'industrie manufacturière à sa valeur ajoutée, on observe une intensité énergétique plus élevée en France qu'en Allemagne. En 2021, celle-ci s'élève à 5,3 TJ/M€ VA en France contre

Figure 1.5 – Mix énergétique de l'industrie manufacturière en France et en Allemagne en 2021 (en % de volumes de consommation énergétique exprimés en TJ)

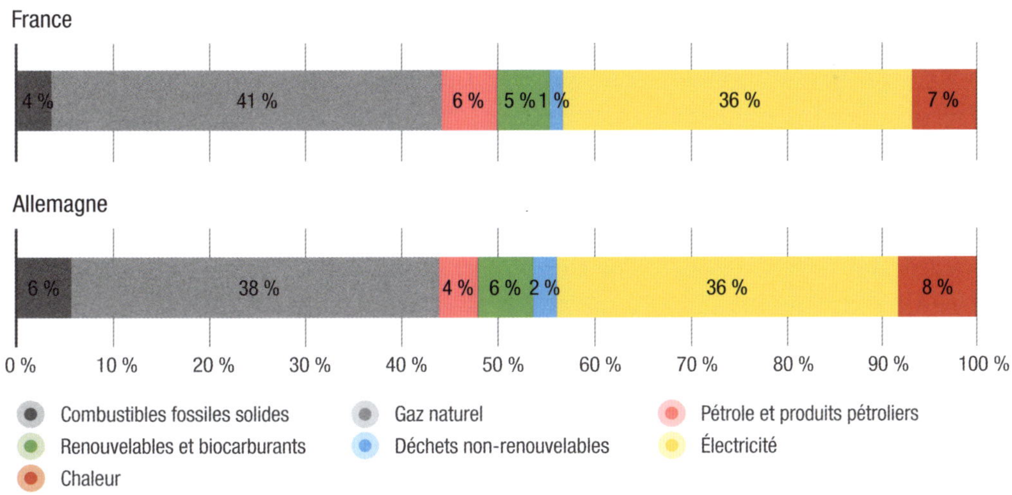

Source : Eurostat, hors cokéfaction-raffinage (code 19) et réparation et installation de machines et d'équipements (code 33) dont les données sont indisponibles ; hors gaz manufacturés. Traitements La Fabrique de l'industrie.

3,2 TJ/M€ VA en Allemagne, hors cokéfaction-raffinage et réparation et installation de machines et d'équipements (détail par secteur en annexe III). Toutefois, cet écart souffre, là encore, d'effets de composition et de gamme en défaveur de la France : corrigé de l'effet de composition, c'est-à-dire à tissu industriel identique à celui de la France, l'intensité énergétique de l'industrie allemande s'élèverait à 4,6 TJ/M€ VA.

Pas de biais statistique perceptible à l'échelle générale des inventaires

Enfin, dernière vérification, on s'assure que la mesure des émissions de GES ne souffre aucun biais statistique entre les deux pays.

Rappelons en effet que la production de ces données ne va pas de soi ; elle nécessite au contraire un travail technique important qui n'est pas exempt d'approximations. Trois méthodes de calcul (*tier* 1, *tier* 2 et *tier* 3) coexistent dans les lignes directrices du Groupe d'experts intergouvernemental sur l'évolution du climat (GIEC). Ces méthodes diffèrent selon leur niveau d'accessibilité et de précision (voir figure 1.6) ; le choix de la méthode retenue dépend de la disponibilité et de la qualité des données[11].

L'existence d'un biais statistique peut découler du recours à des méthodes différentes en France et en Allemagne pour estimer les émissions industrielles. Plus précisément, Chang et Allemand (2019) rappellent que la méthode *tier* 1, parce qu'elle repose essentiellement sur des données par défaut, ne rend pas compte des évolutions techniques et structurelles des secteurs émetteurs (efficacité énergétique, mix énergétique, verdissement des procédés, etc.), ce que précisément cet ouvrage cherche à apprécier.

Il s'avère toutefois que le GIEC rend obligatoires les méthodes *tier* 2 ou *tier* 3 pour les sources émettrices dites « clés » (aussi appelées catégories clés), c'est-à-dire celles qui contribuent, de façon cumulée, à 95 % des émissions nationales. Cette obligation concerne en pratique les industries carbo-intensives, qui représentent pour rappel près de 80 % des émissions industrielles en France et en Allemagne. Par ailleurs, les obligations de *reporting* des émissions de GES qui pèsent sur les grands sites industriels européens, dans le cadre du registre européen des rejets et des transferts de polluants et du Système d'échange de quotas d'émission (SEQE-UE), sont de nature à enrichir les bases de données des instituts d'inventaires et à accroître le recours effectif aux approches *bottom-up*. *A priori*, nous

11. Un benchmark des inventaires nord-américains d'émissions mené en 2012 a ainsi relevé une surreprésentation de la méthode *tier* 1 dans l'inventaire du Mexique, par comparaison avec les inventaires des États-Unis et du Canada (Commission de coopération environnementale, 2012). Cette différence peut être imputée à la maturité inégale des systèmes statistiques nationaux.

Figure 1.6 – Les méthodes de calcul des émissions prévues par le Groupe d'experts intergouvernemental sur l'évolution du climat (GIEC)

	Tier 1	*Tier* 2	*Tier* 3
Approche	Par le haut *(top-down)*	Intermédiaire	Par le bas *(bottom-up)*
Mode opératoire	Production x Facteur d'émission par défaut	Consommation de combustible 1 x Facteur d'émission connu + Consommation de combustible 2 x Facteur d'émission connu	Émissions du site 1 + Émissions du site 2 + Émissions du site 3 + Émissions du site 4
Sources	Données de conjoncture, littérature technique, jugement d'experts, etc.	Enquêtes de filière, bilans énergétiques, littérature technique, etc.	Enquêtes spécifiques, déclarations annuelles par site (SEQE)
Avantages	Rapidité d'estimation	Précision satisfaisante	Précision élevée
Inconvénients	Faible précision Non prise en compte des évolutions structurelles	Données sectorielles nécessaires	Données très détaillées nécessaires
Note		Approches obligatoires pour les catégories clés	

Réalisation La Fabrique de l'industrie.

ne percevons donc pas de biais statistique entre la France et l'Allemagne sur le périmètre des émissions industrielles : à la lecture des inventaires nationaux, les structures d'inventaire française et allemande ont majoritairement recours aux méthodes *tier* 2 et *tier* 3 pour chiffrer leurs émissions de procédés (voir figure 1.7).

Figure 1.7 – Les méthodes de chiffrage des émissions de procédés industriels en France et en Allemagne en 2021

	France		Allemagne	
Source (code au format CRF)	Source clé	Méthode utilisée	Source clé	Méthode utilisée
Industries des minéraux (2A)				
Production de ciment (2A1)	Oui	Tier 3	Oui	Tier 2
Production de chaux (2A2)	Oui	Tier 2/3	Oui	Tier 2
Production de verre (2A3)	Non	Tier 2/3	Non	Tier 2
Autres productions utilisant des carbonates (2A4)	Non	Tier 2/3	Non	Tier 2
Industries chimiques (2B)				
Production d'ammoniac (2B1)	Oui	Tier 3	Oui	Tier 3
Production d'acide nitrique (2B2)	Oui	Tier 3	Non	Tier 3
Production d'acide adipique (2B3)	Oui	Tier 3	Oui	Tier 3
Production de caprolactame, de glyoxal et d'acide glyoxylique (2B4)	Oui	Tier 3	Non	Tier 3
Production de carbure (2B5)	Non	Tier 1	Non	Tier 3
Production de dioxyde de titanium (2B6)	Non	Tier 2	Non	Tier 1
Production de carbonate de sodium (2B7)	Non	Tier 3	Non	Tier 1/2
Pétrochimie et production de noir de carbone (2B8)	Non	Tier 3	Non	Tier 1/2
Production de composés fluorés (2B9)	Oui	Tier 3	Oui	Tier 3
Autres (2B10)	Oui	Tier 2/3	Non	Tier 2
Industries métallurgiques (2C)				
Production de fer et d'acier (2C1)	Oui	Tier 2/3	Oui	Tier 2
Productions de ferro-alliages (2C2)	Non	Tier 1/2/3	Oui	nd
Production d'aluminium (2C3)	Oui	Tier 3	Oui	Tier 2/3
Production de magnésium (2C4)	Non	nd	Non	Tier 1
Production de plomb (2C5)	Non	nd	Non	Tier 1
Production de zinc (2C6)	Non	Tier 2/3	Non	Tier 1
Autres (2C7)	Oui	Tier 2	nd	nd

Source : inventaires nationaux CCNUCC (France et Allemagne). nd : information non disponible.

Deux conclusions intermédiaires émergent au terme de ce chapitre. D'une part, le fait que l'industrie française apparaisse en moyenne plus carbonée que l'industrie allemande découle d'une différence de structure sectorielle, les industries très émettrices étant plus représentées en France (21 % de la valeur ajoutée industrielle en 2021) qu'en Allemagne (15,5 %).

D'autre part, la mesure de l'intensité carbone sur le format AEA et sur la base de la valeur ajoutée souffre d'au moins deux limites. D'abord, elle est biaisée par la différence de niveau de gamme entre les industries des deux pays. Ensuite, la sectorisation du format d'inventaire AEA ne permet pas de rendre compte de façon satisfaisante des réalités sectorielles, qui s'observent à une échelle plus détaillée de la nomenclature d'activités.

> « La mesure de l'intensité carbone sur le format AEA et sur la base de la valeur ajoutée souffre de limites. »

Un travail plus fin, par le biais d'études de cas, paraît donc souhaitable pour dépasser ces deux limites. C'est l'objet des quatre chapitres suivants, dans lesquels nous recalculons des intensités carbone non plus par euro de valeur ajoutée mais par tonne de matière produite dans les principales industries émettrices de GES. Du fait de leur poids important dans les émissions industrielles, les études de cas se concentrent sur les industries lourdes, et plus précisément la production d'acier, de ciment, de verre, l'industrie chimique et du raffinage de pétrole. Il s'agit, pour chacune de ces industries, de construire un indicateur d'intensité carbone et d'en expliquer, le cas échéant, les écarts observés entre la France et l'Allemagne. Ce benchmark est réalisé à partir d'un travail inédit de collecte et de croisement de données, respectivement sur l'activité industrielle et sur les émissions sectorielles de GES exprimées en équivalent CO_2 (acier et chimie), ou, à défaut des données, de CO_2 seulement (ciment, verre et raffinage de pétrole). Il est par ailleurs étayé par des entretiens avec les représentants des filières industrielles françaises. Les données d'activité mobilisées pour l'exercice sont présentées en annexe IV.

CHAPITRE 2

La production d'acier : derrière l'écart apparent, une industrie homogène

L'Allemagne et la France sont respectivement la première et la quatrième puissance sidérurgique européenne en volume. D'après les données de la World Steel Association, l'industrie allemande a produit 40,1 millions de tonnes (Mt) d'acier brut en 2021, contre 24,4 Mt en Italie, 14,2 Mt en Espagne et 13,9 Mt en France[12].

Le rapprochement de ces données d'activité avec les inventaires nationaux de GES soumis aux Nations unies[13] indique que l'industrie sidérurgique française est, depuis 2015, moins carbonée que l'industrie allemande : elle a émis 1,14 tCO_2/tonne d'acier en 2021, contre 1,36 tCO_2/tonne d'acier en Allemagne (voir figure 2.1)[14]. Avant 2015, au contraire, les indicateurs des deux pays étaient en moyenne relativement identiques.

Cet écart apparu récemment s'inscrit pourtant en contradiction avec l'avis de l'ensemble des experts rencontrés dans le cadre de cette étude. « *En scope 1, il n'y a pas de différence technologique notable entre la sidérurgie française et la sidérurgie allemande* », indiquent de concert les représentants d'A3M (Bruno Jacquemin, Marc Pleuvy, Maxime Lazard), un propos également tenu par les experts de McKinsey rencontrés (Christophe François, Frank Bekaert) ainsi que par les industriels (Matthieu Jehl, directeur général d'ArcelorMittal France). Comme nous le verrons dans la suite de l'étude de cas, cet écart d'intensité carbone tient, en réalité, essentiellement à une différence de traitement statistique.

12. La production d'acier brut en France est toutefois légèrement inférieure selon les données du Citepa, elle s'élevait à 13,5 Mt en 2021. Dans la suite du document, nous retenons, pour mesurer l'intensité carbone du secteur, les données du Citepa pour la France et de la World Steel Association pour l'Allemagne.

13. La nomenclature du CCNUCC permet de chiffrer les émissions de GES à l'échelle du secteur de la sidérurgie. C'est la raison pour laquelle ce format est retenu ici.

14. L'écart d'intensité carbone par tonne de production de la sidérurgie s'élève donc à −16 %, en faveur de la France. Pour information, l'écart d'intensité carbone par euro de valeur ajoutée de la métallurgie (secteur plus englobant) s'élève à −18 %, en faveur de la France (voir figure 1.2).

Figure 2.1 – Intensité carbone de la production d'acier en France et en Allemagne (en tonne d'éq. CO_2/tonne d'acier brut produit)[15]

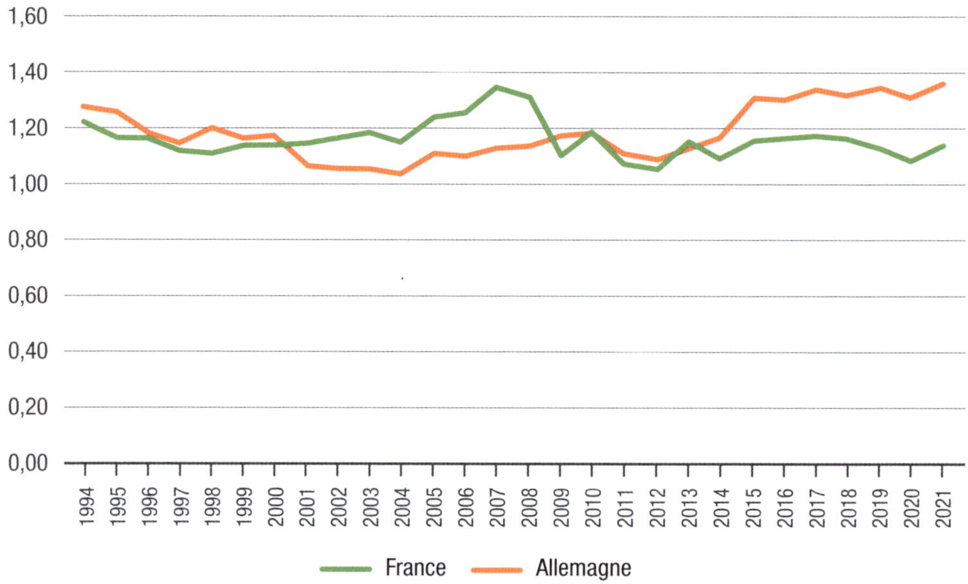

Traitements La Fabrique de l'industrie d'après Citepa, World Steel Association et inventaires nationaux d'émissions (format CCNUCC). Les données d'activité sidérurgique antérieures à 1994 sont indisponibles pour l'Allemagne.

Une filière fonte légèrement surreprésentée en Allemagne

Le premier travail consiste à évacuer l'hypothèse que les poids respectifs des différents procédés de fabrication d'acier, dont les intensités carbone sont distinctes, puissent avoir un impact sur l'indicateur global du secteur. Cette étape est suggérée à la fois par la littérature économique (Hasanbeigi *et al.*, 2016) et par les experts que nous avons rencontrés.

La première filière, dite filière fonte (également nommée filière « à oxygène » ou « intégrée »), produit de l'acier en mettant en contact dans un haut-fourneau du minerai de fer aggloméré et du coke (dérivé du charbon), puis en coulant la fonte dans

15. Dans la suite de cet ouvrage, les différences de périodes couvertes par les indicateurs sont systématiquement liées à la disponibilité des données en France et en Allemagne, et non à un choix personnel de l'auteur.

Figure 2.2 – Répartition de la production d'acier brut par filière en France et en Allemagne

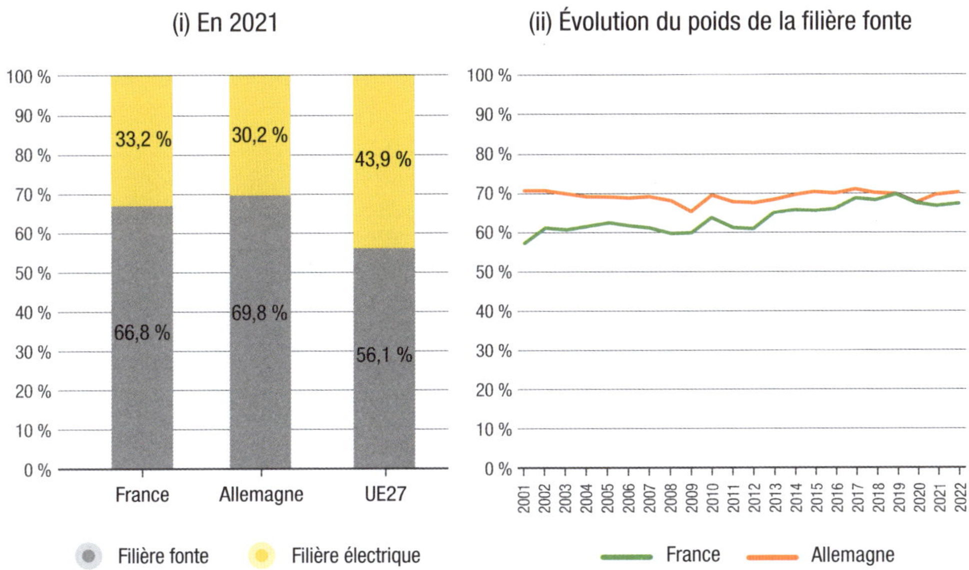

Source : World Steel Association.

un four à oxygène. Ce procédé émet, en scope 1, entre 1,7 et 1,8 tonne de CO_2 en moyenne par tonne d'acier (Conseil national de l'industrie, 2021). En France, cette filière assure la production des aciers plats destinés aux marchés de l'automobile, de l'industrie et de l'emballage.

La filière électrique, quant à elle, recycle de la ferraille de récupération dans un four électrique à arc. Elle présente de ce fait une intensité carbone bien plus faible, entre 0,4 et 0,5 tonne de CO_2 par tonne d'acier, en additionnant les émissions de scopes 1 et 2 (Conseil national de l'industrie, 2021). En France, cette filière fabrique essentiellement les aciers longs, notamment destinés au marché de la construction[16]. Elle fabrique également les aciers spéciaux tels que les alliages ; c'est une filière

16. Cette segmentation forte du mix de production par filière est propre à la France, où elle renvoie à un choix industriel historique des industriels. Elle est moins visible en Allemagne (Conseil national de l'industrie, 2021).

historiquement importante en France, comme le rappelle Frank Bekaert, directeur associé senior chez McKinsey, qui évoque « *la présence de sidérurgistes spécialisés comme Ascométal et des débouchés nationaux spécifiques comme l'aéronautique et le nucléaire* ».

Globalement, comme le montre la figure 2.2, la France se distingue effectivement par le poids de sa filière fonte légèrement plus faible qu'en Allemagne (66,8 % de la production française d'acier en 2021, soit 3 points de moins), même si elle s'est progressivement rapprochée du niveau allemand depuis 2001.

Pour autant, cela ne saurait expliquer l'écart d'intensité carbone relevé plus haut. D'une part, nous observons que l'augmentation du poids de la filière fonte en France[17] ne s'est pas traduite par une augmentation de l'intensité carbone française sur la dernière décennie ; d'autre part, l'écart franco-allemand d'intensité carbone reste significatif en 2019 et 2020, années où le poids de la filière fonte est pourtant strictement identiquement dans les deux pays.

Une rupture statistique identifiée dans l'inventaire allemand

Le chiffrage des émissions de la sidérurgie est un travail d'une très grande complexité, comme le révèle la lecture de la documentation technique exhaustive que les États sont tenus de mettre à disposition dans le cadre des inventaires qu'ils soumettent aux Nations unies[18]. Cette complexité tient en premier lieu au nombre et à la diversité des installations présentes dans les complexes sidérurgiques. Déjà, pas moins de quatre installations composent la filière dite intégrée : la cokerie (pour fabriquer le coke à partir de charbon), la chaîne d'agglomération (pour agglomérer le minerai de fer), le haut-fourneau (pour réduire le minerai de fer aggloméré) et le convertisseur à oxygène (pour fabriquer l'acier par ajout d'oxygène). À ces installations s'ajoutent, notamment, les chaudières de combustion et les sites de laminage de l'acier et de fonderie, ces derniers étant répartis de façon plus diffuse sur le territoire.

17. Comme l'indique Christophe François, directeur associé senior chez McKinsey, cette évolution traduit une baisse relativement plus importante de l'activité de la filière électrique (−44 % en volume entre 2001 et 2021 contre −21 % pour la filière fonte, d'après les données du Citepa). Cela tient à la forte concurrence européenne et extra-européenne sur les produits longs et les produits spéciaux. Ce constat a également été confirmé par Bruno Jacquemin, délégué général d'A3M.

18. Ces rapports présentent, pour chaque source d'émission, la méthodologie d'estimation associée, les arbitrages pris et la marge d'incertitude. Ils sont désignés par le sigle NIR, pour *National Inventory Report,* et sont en libre accès sur le site des Nations Unies. En France et en Allemagne, ces documents font près de 1 000 pages.

De là découle la complexité du chiffrage et, peut-être surtout, d'allocation comptable des émissions du secteur. D'une part, les cokeries, alors qu'elles sont généralement rattachées à des sites sidérurgiques, ne relèvent pas de l'industrie manufacturière au sens du *Common Reporting Format* (CRF) : leurs émissions sont en effet reportées dans le secteur de l'énergie – et plus précisément dans celui de la transformation de combustibles minéraux solides. D'autre part, lorsque les gaz sidérurgiques

Figure 2.3 – Matrice de positionnement des installations sidérurgiques

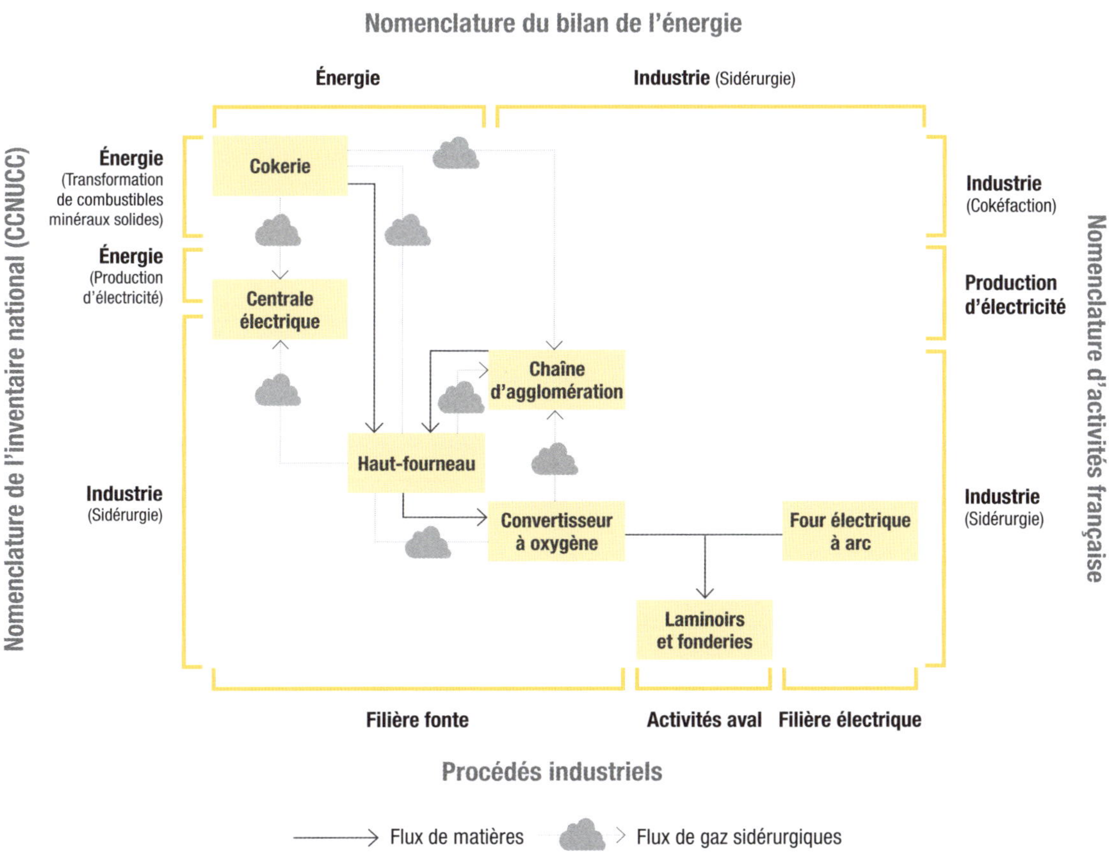

Réalisation La Fabrique de l'industrie.

émanant de la filière intégrée sont valorisés en tant que combustibles, les émissions associées à leur combustion sont comptabilisées dans les secteurs qui les consomment. Cela induit la sortie d'une part plus ou moins importante de ces émissions du périmètre comptable de la sidérurgie, ce qui fausse la comparaison de l'intensité carbone du secteur entre deux pays. Cet effet de l'allocation des émissions a été confirmé par les experts du Citepa, interrogés dans le cadre de cette étude.

La figure 2.3 ci-dessous positionne, de façon simplifiée, les différents maillons de l'industrie sidérurgique au sein de quatre référentiels (CRF, bilan de l'énergie, nomenclature d'activités, procédés industriels). Elle montre que les émissions de la sidérurgie peuvent sortir du secteur dans l'inventaire national au format CCNUCC par le jeu des flux de gaz sidérurgiques.

Figure 2.4 – Intensité carbone de la production d'acier après correction de la rupture statistique (en tonne d'éq. CO_2/tonne d'acier produit)

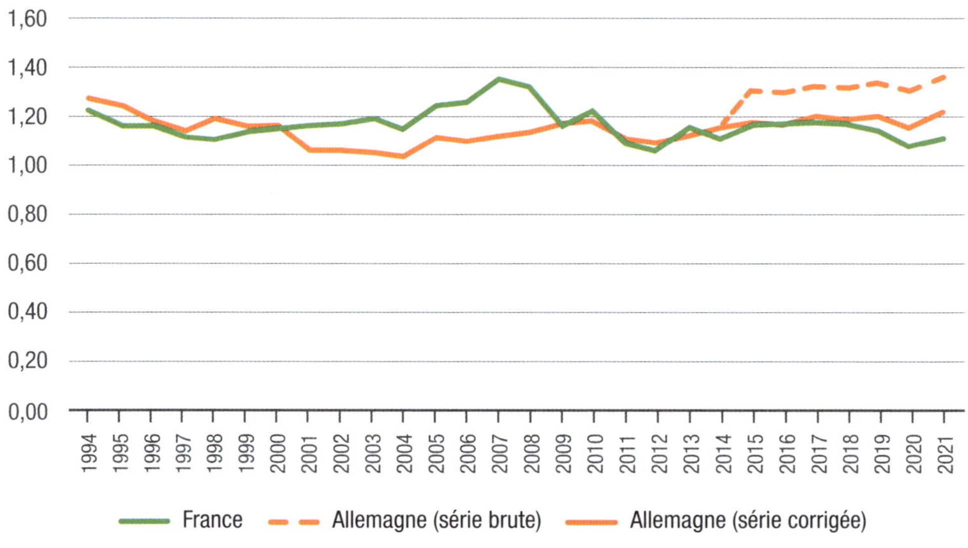

Estimations La Fabrique de l'industrie d'après World Steel Association et inventaires nationaux d'émissions.
Pour corriger la rupture statistique relevée sur la série des émissions du secteur de la sidérurgie en Allemagne en 2015, nous isolons le volume supplémentaire d'émissions entre l'année 2014 et 2015 et nous le déduisons des années suivantes.

C'est justement sur ce point que l'inventaire allemand des émissions de la sidérurgie est marqué par une rupture statistique. En 2015, les émissions des centrales thermiques alimentées en gaz sidérurgiques, jusqu'alors attribuées au secteur énergétique (production d'électricité), ont basculé dans le secteur industriel (sidérurgie). Ce changement comptable se répercute dans l'indicateur allemand d'intensité carbone ; une fois ce biais corrigé, on retrouve un niveau d'intensité carbone très similaire à celui de la sidérurgie française, en accord avec l'avis des experts (voir figure 2.4).

Le dilemme statistique des émissions de gaz sidérurgiques

Au lieu d'être directement brûlés à leur sortie des installations, les gaz sidérurgiques (gaz de cokerie, gaz de haut-fourneau, gaz de convertisseur à oxygène) peuvent être valorisés pour produire de la chaleur. Si leur pouvoir calorifique unitaire est faible, la quantité produite est telle que ces gaz peuvent se substituer à d'autres combustibles fossiles comme le charbon et le fioul lourd. Ils peuvent ainsi être injectés dans leur installation d'origine (autoconsommation), être acheminés vers les installations sidérurgiques à proximité (chaudières, fours de réchauffage, etc.) voire être brûlés dans des centrales thermiques pour produire de l'électricité.

Une telle valorisation énergétique des gaz de procédés résulte d'une démarche d'optimisation des installations sidérurgiques, particulièrement avancée en Europe. Comme l'indique Christophe François, directeur associé senior chez McKinsey, «*la sidérurgie européenne est déjà l'une des plus optimisées au monde*». En Allemagne, la part de gaz de hauts-fourneaux acheminés vers des centrales thermiques a progressé de 11 points par rapport à 1990 pour atteindre 45 % en 2021, comme le montre la figure 2.5. En parallèle, la France abrite, sur le site d'ArcelorMittal à Dunkerque, la première centrale thermique au monde (mise en service en 2005) qui brûle à la fois du gaz naturel et des gaz sidérurgiques.

Pour corriger totalement l'aléa statistique occasionné par cette réallocation des émissions des gaz sidérurgiques aux secteurs utilisateurs, nous proposons ici une approche alternative qui consiste à comptabiliser les émissions de ces gaz «à la source», c'est-à-dire sur les sites sidérurgiques, en tant que gaz manufacturés. Nous menons cet exercice sur deux maillons de la filière fonte, les cokeries et les hauts-fourneaux, pour lesquels les données sont mobilisables.

Figure 2.5 – Part des volumes de gaz sidérurgiques fléchés vers la production d'électricité et de chaleur en France et en Allemagne

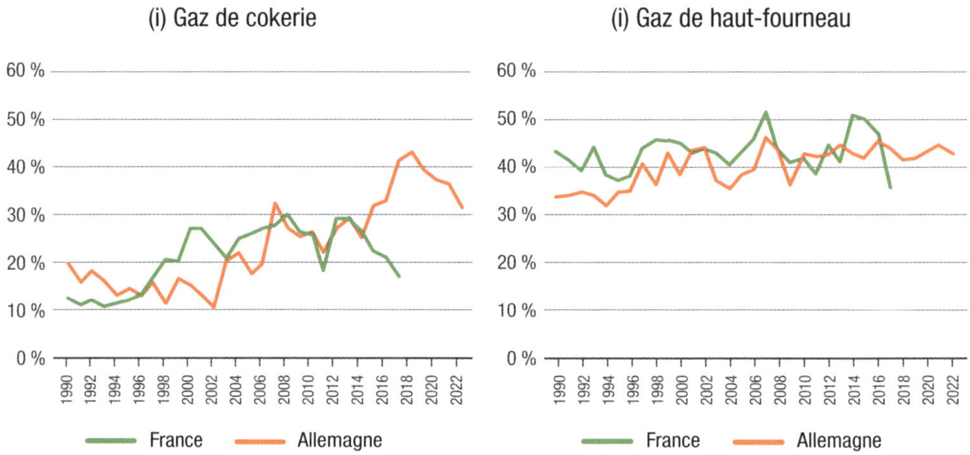

Traitements La Fabrique de l'industrie d'après Eurostat (bilans énergétiques) ; données indisponibles pour la France à partir de 2018.

Les cokeries

Les cokeries transforment la houille (charbon primaire) en coke de houille[19] (charbon dérivé). Ce produit est majoritairement consommé par l'industrie sidérurgique en tant qu'agent réducteur au sein des hauts-fourneaux mais il peut également être utilisé comme combustible ailleurs dans l'industrie. En 2021, la production de coke de houille s'élevait à 2,4 Mt en France (répartie entre 2 sites) et à 8,2 Mt en Allemagne (sur 5 sites)[20].

La cokéfaction du charbon au sein des cokeries consomme de l'énergie pour faire chauffer le four à coke à de hautes températures, et produit en parallèle des gaz manufacturés, dits de cokerie. Pour estimer ces émissions de procédés (dis-

19. Il existe aussi du coke de pétrole, produit dans les raffineries.
20. Sources : Citepa pour la France et Eurostat pour l'Allemagne.

Figure 2.6 – Intensité carbone du procédé des cokeries en France et en Allemagne (en tonne de gaz de cokerie converti en tonne de CO_2/tonne de coke produit)

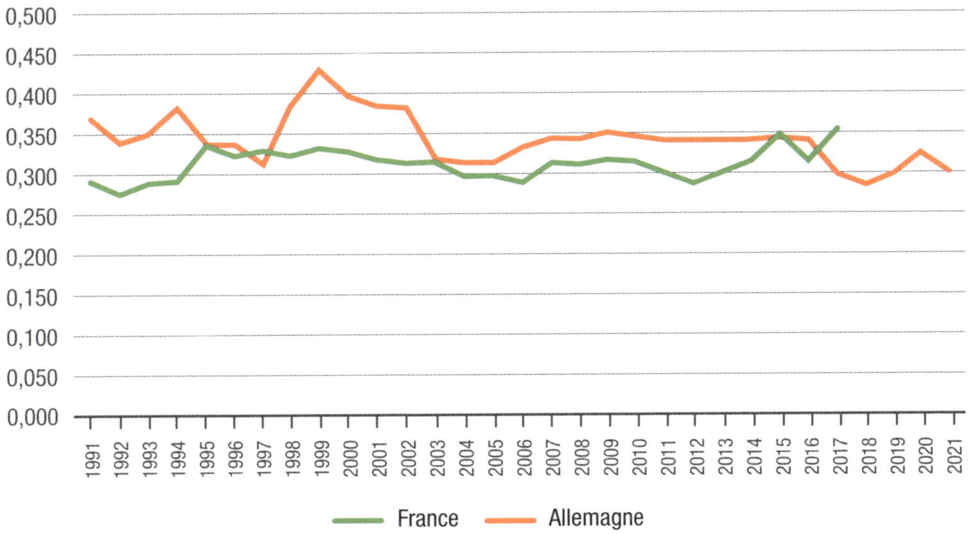

Traitements La Fabrique de l'industrie d'après Eurostat (bilans énergétiques) ; données de gaz de cokerie indisponibles pour la France à partir de 2018.

tinctes donc des émissions énergétiques), nous convertissons les volumes de gaz de cokerie, exprimés en térajoules (TJ) dans les bilans énergétiques d'Eurostat, à l'aide d'un facteur d'émission unique puisé dans les valeurs de référence du Citepa pour l'année 2023[21]. L'intensité carbone est déduite en rapportant les volumes d'émissions ainsi calculés aux volumes de production annuelle de coke.

Il ressort de cet exercice que les cokeries françaises et allemandes présentent des intensités carbone très similaires, de l'ordre de 320 kg à 340 kg de CO_2 de gaz de cokerie par tonne de coke produite (voir figure 2.6).

21. D'après les données du Citepa, le facteur d'émission du gaz de cokerie s'élève à 45,6 tCO_2/TJ.

Les hauts-fourneaux

Les hauts-fourneaux constituent le maillon suivant de la filière fonte. D'après la fédération européenne Eurofer, la France comptait en 2021 cinq hauts-fourneaux actifs sur deux sites sidérurgiques (dont un haut-fourneau a, depuis, été définitivement arrêté), auxquels il faut rajouter un sixième haut-fourneau rattaché au groupe non sidérurgique Saint-Gobain[22], contre treize hauts-fourneaux en Allemagne répartis sur cinq sites sidérurgiques. Ces installations assurent la réduction et la fonte du minerai de fer par la mise en contact de ce dernier avec le coke comme agent réducteur.

L'opération d'oxydoréduction au sein du haut-fourneau émet d'importants volumes de gaz manufacturés. De la même façon que pour le cas des cokeries, nous nous appuyons sur les bilans énergétiques nationaux et les valeurs de référence du Citepa[23] pour chiffrer les volumes d'émissions correspondant à ces gaz, volumes que nous rapportons ensuite à la production d'acier brut au sein de la filière fonte pour estimer l'intensité carbone du procédé des hauts-fourneaux.

Il en découle, là encore, une intensité carbone relativement similaire : entre 1,4 et 1,5 tonne de CO_2 de gaz de haut-fourneau est émise pour produire une tonne d'acier à oxygène, tant en France qu'en Allemagne (voir figure 2.7).

Ces exercices adoptant une approche par le bas viennent ainsi confirmer la très grande proximité des industries sidérurgiques française et allemande en matière d'intensité carbone, comme en témoignent les experts interrogés. L'écart relevé dans les données des inventaires tient donc à la survenue, à partir de 2015 en Allemagne, d'un changement de traitement statistique des émissions imputables à la valorisation des gaz sidérurgiques.

> « Ces exercices viennent ainsi confirmer la très grande proximité des industries sidérurgiques française et allemande en matière d'intensité carbone. »

22. Les données correspondant à ce site non sidérurgique sont tout de même comptabilisées dans le bilan énergétique français utilisé ci-après ainsi que dans l'inventaire national des émissions, comme confirmé par les experts du Citepa interrogés.
23. D'après les données du Citepa, le facteur d'émission du gaz de haut-fourneau s'élève à 274,1 tCO_2/TJ.

Figure 2.7 – Intensité carbone du procédé des hauts fourneaux en France et en Allemagne (en tonne de gaz de haut-fourneau converti en tonne de CO_2/tonne d'acier de la filière fonte)

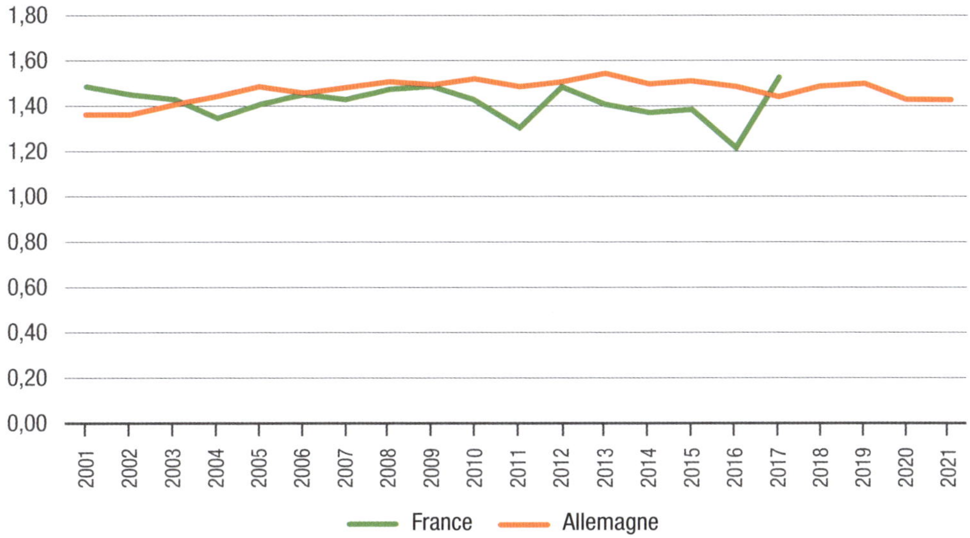

Traitements La Fabrique de l'industrie d'après Citepa, World Steel Association et Eurostat (bilans énergétiques) ; données de gaz de haut-fourneau indisponibles pour la France à partir de 2018.

CHAPITRE 3

La production de ciment : un rattrapage en cours de l'industrie française

L'Allemagne et la France sont respectivement le premier et le troisième pays producteur de ciment en Europe. En 2021, les 54 cimenteries allemandes ont produit 35,6 Mt de ciment et les 28 cimenteries françaises ont produit 18,0 Mt de ciment d'après les données des fédérations nationales VDZ et France Ciment. Le ciment est la matière première du béton pour l'ensemble des débouchés de la construction (bâtiments, travaux publics, maisons individuelles, etc.).

Au même titre que l'acier, la production de ciment est une activité fortement émettrice de GES. Les émissions du secteur émanent du procédé de décarbonatation du calcaire pour la fabrication de clinker (matière première du ciment) ainsi que de la combustion nécessaire à cette opération dans le four et, dans une moindre mesure, aux étapes aval (ajouts d'autres constituants, broyage, etc.).

Au cours de la dernière décennie, en scope 1, l'industrie allemande du ciment était en moyenne moins carbonée que son homologue française ; toutefois, l'écart s'est réduit les deux dernières années. En 2021, on compte 560 kg de CO_2 émis par tonne de ciment produite en France, contre 576 kg en Allemagne (voir figure 3.1). L'écart d'intensité carbone par tonne de production de ciment s'élève donc à −3 %, en faveur de la France[24]. La suite de l'étude de cas révèle que cet écart marginal d'intensité carbone cache des performances énergétiques structurellement meilleures outre-Rhin (bien que des efforts de rattrapage soient en cours en France) ainsi qu'un recours sensible aux importations de clinker par l'industrie cimentière française.

24. Pour rappel, l'écart d'intensité carbone par euro de valeur ajoutée de l'industrie des minéraux non-métalliques (secteur plus englobant) s'élève à 22 %, à la faveur de l'Allemagne (voir figure 1.2).

Figure 3.1 – Intensité carbone de la production de ciment en France et en Allemagne (en tonne de CO_2/tonne de ciment produit)

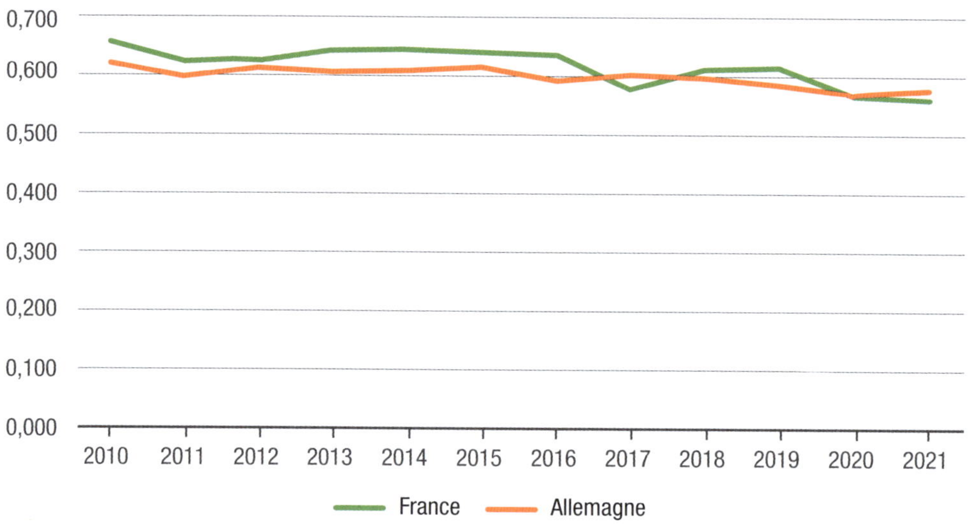

Traitements La Fabrique de l'industrie d'après France Ciment, VDZ et SEQE.
Note : les périmètres d'activité et d'émissions de CO_2 en France correspondent aux adhérents de France Ciment, qui couvre 95 % de la production nationale de ciment répartie entre cinq groupes adhérents (Heidelberg Materials, Imerys, Lafarge, Eqiom et Vicat). La fédération professionnelle ne couvre pas l'activité des cimentiers non producteurs de clinker, à l'instar d'Ecocem.

Un retard français dans le recours aux combustibles alternatifs

Les opérations de combustion représentent un tiers des émissions de GES du secteur du ciment en France et en Allemagne. Pour les réduire, les cimentiers remplacent progressivement leurs combustibles fossiles (charbon, produits pétroliers, etc.) par des combustibles alternatifs (biomasse, déchets dont huiles et pneus usagés, etc.).

Sur ce point, les cimenteries allemandes font état d'une avance significative sur les sites français : 69 % des combustibles y sont de type alternatif en 2021, contre 44 % en France (voir figure 3.2). Selon la fédération européenne des industries cimentières, Cembureau, c'est même toute l'Europe de l'Est qui est en avance sur l'Europe de l'Ouest[25].

Un effet de rattrapage est toutefois perceptible en France, selon les experts. «*La part des combustibles alternatifs progresse en France, elle est d'ailleurs passée à 50 % en 2022, avec l'ambition d'atteindre 80 % en 2030*», rappelle Nicolas Mouchnino, directeur des affaires économiques chez France Ciment. Laury Barnes-Davin, directrice scientifique du groupe cimentier français Vicat, nuance quant à elle le retard français en rappelant qu'il s'agit d'une moyenne nationale : «*L'approvisionnement en combustibles alternatifs a une forte composante locale et il y a des différences entre cimenteries. Au sein de la cimenterie [de Vicat] à Montalieu-Vercieu en Isère par exemple, la part de combustibles alternatifs s'élève déjà à 70 %.*»

Figure 3.2 – Le mix de combustibles de l'industrie cimentière en France et en Allemagne

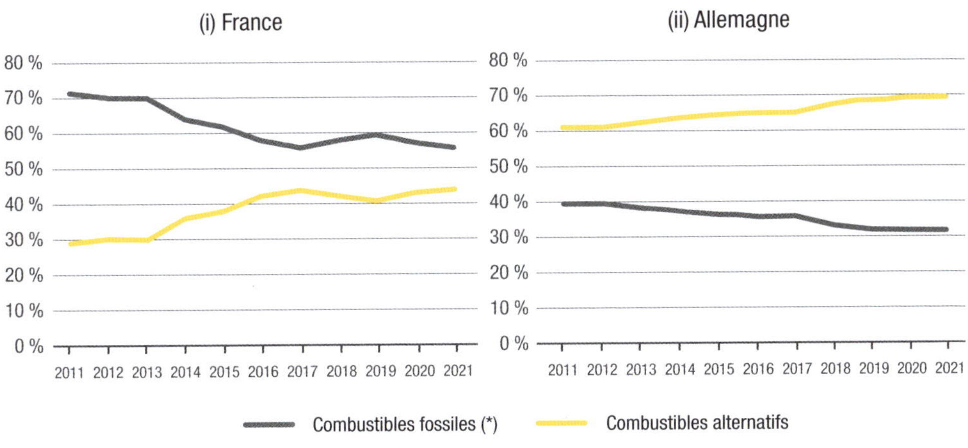

Sources : France Ciment et VDZ.
(*) En France : 35 % de coke de pétrole, 17 % de charbon et 4 % d'autres combustibles non renouvelables en 2021.
En Allemagne : 27 % de charbon (19 % de lignite et 8 % d'autres charbons), 2 % de coke de pétrole, et 4 % d'autres combustibles non renouvelables en 2021.

25. En 2020, la part des combustibles alternatifs dans le mix des cimenteries s'élevait à 74 % en Pologne, 73 % en République tchèque, 71 % en Autriche, 69 % en Allemagne, 47 % au Royaume-Uni, 44 % en France, 39 % en Espagne et 20 % en Italie ; la moyenne européenne s'élevait à 52 % (35 % de déchets conventionnels et 17 % de biomasse), contre 30 % en 2010.

Par ailleurs, la production de clinker – étape la plus énergivore et qui accapare la totalité de la consommation de combustibles – présente une intensité énergétique supérieure en France. En 2021, elle s'élève à 4,1 GJ (hors électricité) par tonne de clinker produite, contre 3,8 GJ par tonne de clinker en Allemagne. Il faut également noter que cette intensité énergétique est orientée à la hausse dans les deux pays, comme le montre la figure 3.3.

Pour ce qui est de l'écart entre les deux pays, les experts interrogés l'imputent à la nature des procédés industriels utilisés, qui se répartissent entre voie humide d'une part et voie sèche d'autre part[26]. « *Contrairement à l'Allemagne, la France compte encore une filière historique de production de clinker par voies humide et semi-sèche. Ces technologies sont plus énergivores que la filière par voie sèche* », indique Laury Barnes-Davin[27]. En France, 45 % des fours fonctionnent par voie humide (5 %) ou par voie semi-sèche (40 %), contre 55 % par voie sèche d'après les données de France Ciment. Cela dit, « *les cimenteries de nos adhérents font actuellement l'objet d'investissements pour remplacer les installations de voie humide et améliorer l'efficacité énergétique* », nuance Nicolas Mouchnino.

S'agissant de l'augmentation de l'intensité énergétique de la production de clinker en France et en Allemagne, les deux experts interrogés relient cette dynamique, contre-intuitive de prime abord dans un contexte de recherche d'efficacité énergétique, au recours croissant aux combustibles alternatifs, qui présentent en effet des performances plus faibles que les combustibles traditionnels (pouvoirs calorifiques unitaires plus faibles et instabilité thermique induite dans les fours).

Les performances énergétiques de l'industrie cimentière allemande apparaissent donc meilleures, à ce jour, que celles de l'industrie cimentière française. Puisqu'elles affichent des intensités carbone très proches, c'est donc qu'il existe d'autres écarts à identifier.

> « Les performances énergétiques de l'industrie cimentière allemande apparaissent meilleures. »

26. La voie sèche consiste à préparer le cru sous forme de poudre. La voie semi-sèche agglomère la matière sous forme de granules. La voie humide transforme la matière en pâte fluide à l'aide d'eau, ce qui nécessite ensuite une étape d'évaporation.
27. La voie sèche est deux fois moins énergivore que la voie humide d'après le site Infociments rattaché à France Ciment.

Figure 3.3 – Intensité énergétique de la production de clinker en France et en Allemagne (en GJ de combustibles/tonne de clinker)

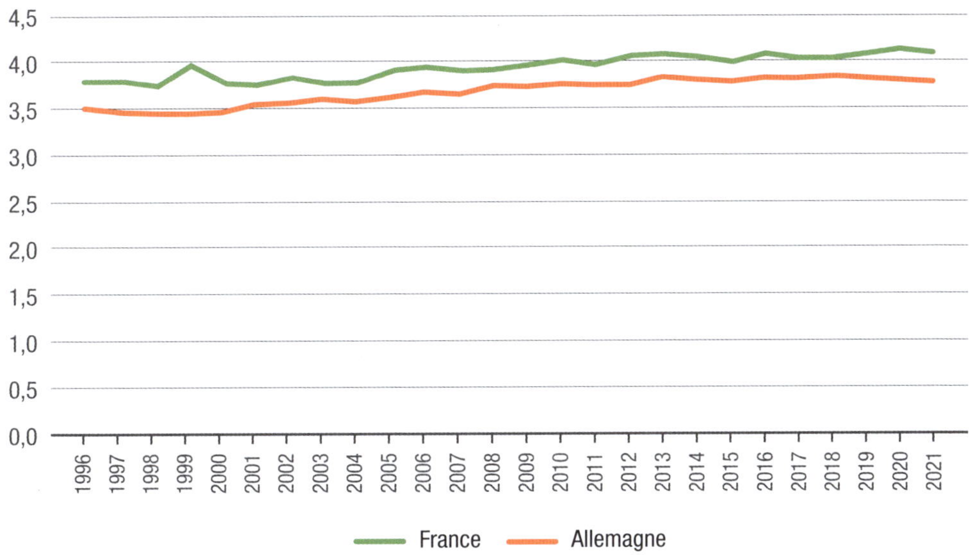

Traitements La Fabrique de l'industrie d'après Citepa, France Ciment et VDZ.

Pas d'avance française ou allemande dans le ciment bas carbone

Compte tenu du poids de la production de clinker dans les émissions du secteur cimentier, le recours plus ou moins élevé à cet intrant et, le cas échéant, à ses substituts bas carbone (laitiers de la sidérurgie, cendres volantes, etc.) est sans doute un paramètre important de l'intensité carbone observée. Il convient dès lors d'étudier les mix produits des cimenteries françaises et allemandes, du ciment CEM I (dit ciment Portland, le plus carboné) aux ciments CEM II, III, IV et V (moins carbonés car à teneur en clinker plus faible). Ces classes de ciments font l'objet de normes européennes très précises qui conditionnent leur appellation ainsi que leur mise sur le marché (voir annexe V pour le détail d'intensité carbone par catégorie de ciment).

Figure 3.4 – Taux de clinker par tonne de ciment produit en France et en Allemagne

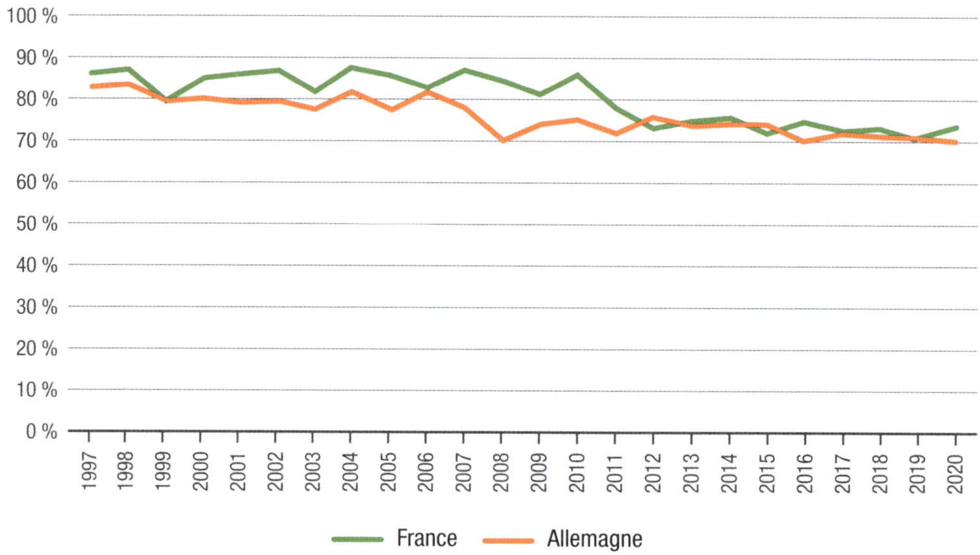

Traitements La Fabrique de l'industrie d'après Citepa, VDZ et Eurostat.
Le taux de clinker a été estimé en rapportant le volume (en tonnes) de consommation nationale de clinker (production + importations – exportations) au volume (en tonnes) de production nationale de ciment. Nous posons comme hypothèse que la totalité de la consommation nationale de clinker est assurée par l'industrie du ciment.

D'après nos estimations, le taux moyen de clinker contenu dans le ciment est identique en France et en Allemagne depuis 2012, à environ 0,73 tonne de clinker par tonne de ciment (voir figure 3.4). Certes, la part du ciment CEM I est aujourd'hui plus élevée dans la production allemande (27 % contre 19 % en France). Mais l'industrie allemande a aussi une avance dans le ciment CEM III, qui remplace le clinker par des laitiers sidérurgiques (voir figure 3.5). Le développement de ces ciments de substitution a soulevé ces dernières années des questions en matière de comptabilité carbone des produits cimentiers commercialisés (voir encadré). Le mix produit n'apparaît donc pas comme un élément d'explication de l'écart d'intensité carbone entre le ciment français et le ciment allemand.

Figure 3.5 – Le mix de production de ciment en France et en Allemagne (en % du volume de production)

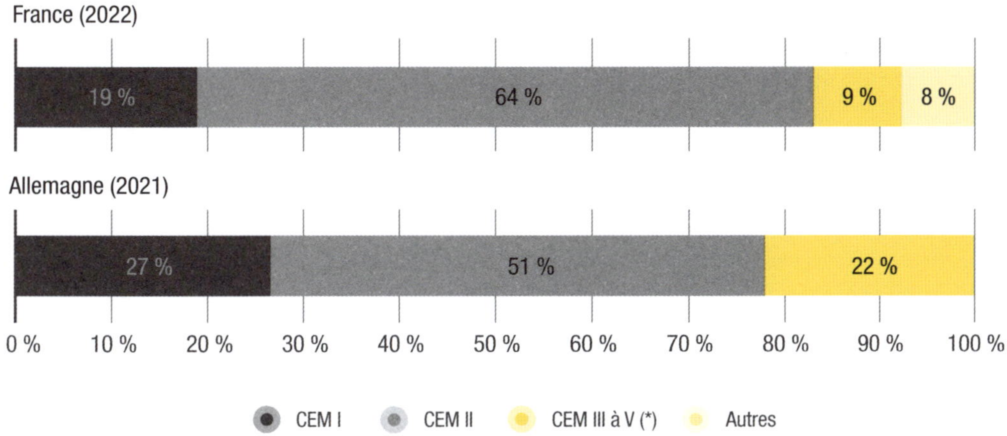

Sources : France Ciment et VDZ. Données 2022 indisponibles pour l'Allemagne.
(*) Répartis en Allemagne entre 20 % de CEM III et 2 % pour les CEM IV, V, et autres.

Un recours plus important au clinker importé en France

Si le taux de clinker apparaît similaire dans les mix de production français et allemand, une partie du clinker consommé en France n'est pas produit sur le sol national mais importé. En 2021, ces importations représentaient en effet plus de 15 % de la consommation nationale, un niveau record (+9 points en 5 ans), contre moins de 1 % en Allemagne (voir figure 3.6)[28].

Cette différence doit d'abord être imputée à la géographie. « *Du fait de la façade maritime méditerranéenne, les cimenteries françaises, mais aussi italiennes et espagnoles, sont fortement exposées à la concurrence étrangère, notamment en provenance du Maghreb et de Turquie. L'Allemagne, elle, en est nettement plus épargnée* », précise Nicolas Mouchnino. Cette concurrence étrangère se manifeste en France depuis le début des années 2010 par la présence et le développement de cimentiers qui ne produisent pas leur

28. En sens contraire, la part des exportations en volume dans la production nationale de clinker s'élevait à 1,6 % en France et à 0,9 % en Allemagne en 2021, d'après nos estimations.

Les laitiers sidérurgiques, casse-tête de la comptabilité carbone des produits cimentiers

Les laitiers sont des résidus de la production d'acier dans les hauts-fourneaux et les convertisseurs à oxygène. Ils sont commercialisés par les sidérurgistes et valorisés en partie dans l'industrie cimentière en tant que substituts du clinker. Dans les ciments CEM III, la part de laitiers peut ainsi atteindre jusqu'à 81 % du mix matières. La production de CEM III se développe en France : d'après les retours convergents de Nicolas Mouchnino et de Laury Barnes-Davin, la baisse du taux de clinker constatée en France au début des années 2010 tient à une adoption plus large des ciments CEM III dans les débouchés des travaux publics (voir figure 3.4).

Le recours aux laitiers a soulevé, en pratique, une incertitude sur la prise en compte des émissions de GES ayant permis leur production. D'une part, les cimenteries considèrent le laitier comme un « déchet », ce qui leur permet, dans le respect des règles de comptabilisation du SEQE, de ne pas chiffrer les émissions associées à leur production dans leur bilan carbone. D'autre part, les sidérurgistes déduisent de leur propre bilan carbone l'économie environnementale réalisée grâce à la valorisation du laitier.

Si cimentiers et sidérurgistes respectent les règles de comptabilisation qui leur incombent, les laitiers font, de fait, l'objet d'un vide comptable en bout de chaîne, au moment de chiffrer l'empreinte carbone des produits finis (ciments commercialisés).

En France, une décision récente a permis de combler cet angle mort statistique. En juin 2022, le programme Inies, qui chapeaute la réalisation des déclarations environnementales des produits de construction, a validé la recommandation du ministère de la Transition écologique d'affecter aux laitiers une partie des émissions de carbone liées à la production de l'acier. Le principe retenu est d'allouer une valeur de 83 kg de CO_2 par tonne de laitier. France Ciment a, dans la foulée de cette décision, mis à jour ses valeurs de référence mobilisées pour les déclarations environnementales produits.

propre clinker. Cette organisation est également observable dans les territoires français d'outre-mer (Nouvelle-Calédonie, Guyane, La Réunion, etc.) avec d'autres sources d'approvisionnement (clinker importé d'Amérique latine, d'Asie et d'Océanie).

Face à ce modèle économique concurrent en plein essor, les cimentiers intégrés historiques présents en France métropolitaine, sur le périmètre desquels est calculé ici l'indicateur d'intensité carbone, peuvent, eux aussi, avoir recours au clinker étranger pour améliorer leur compétitivité prix. Cette pratique s'observe par la présence de centres de broyage rattachés aux groupes cimentiers et traitant des matières importées. Toutefois, faute de données individuelles disponibles, il est difficile de chiffrer la part des groupes intégrés dans les importations françaises de clinker, et donc de donner la mesure d'un tel arbitrage dans le niveau français d'intensité carbone.

Au terme de cette étude de cas, la dissipation, ces dernières années, de l'écart résiduel franco-allemand tient à un effet de rattrapage de l'industrie française cimentière en matière de performance énergétique, couplé à un recours plus important – malheureusement impossible à chiffrer précisément – aux importations de clinker en France.

Figure 3.6 – Part des importations dans la consommation apparente de clinker en France

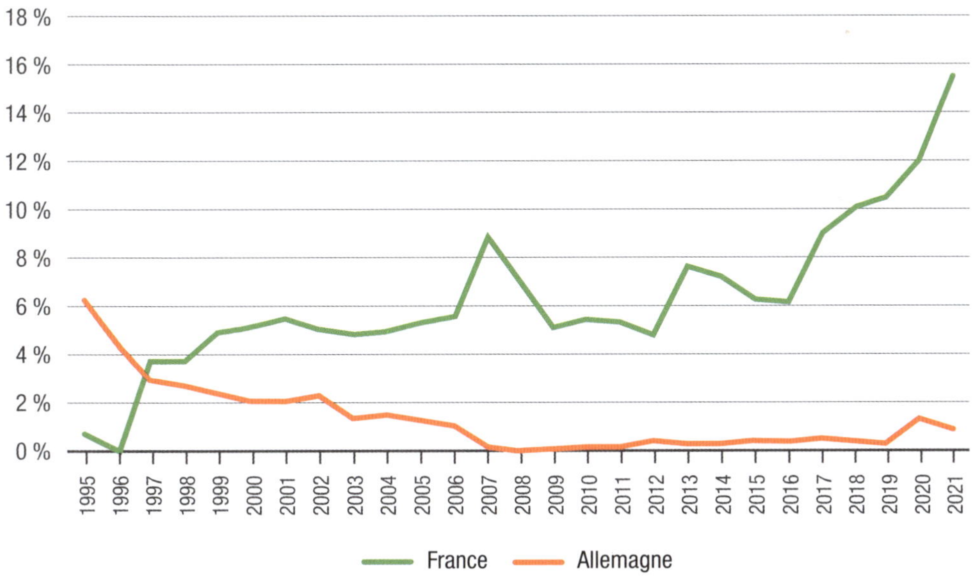

Traitements La Fabrique de l'industrie d'après Citepa, VDZ et Eurostat.
L'indicateur présenté ici est le rapport entre le volume (en tonnes) d'importation de clinker et le volume (en tonnes) de la consommation nationale apparente de clinker (production + importations – exportations). Il agrège donc les importations partielles des producteurs intégrés de ciment et celles des nouveaux acteurs qui ne produisent aucun clinker en France. Or, l'intensité carbone présentée en figure 3.1 est calculée uniquement sur le périmètre des producteurs intégrés.

CHAPITRE 4

La production de verre : un mix produit moins carboné en France

L'Allemagne et la France sont les deux premiers producteurs européens de verre, avec respectivement 7,8 et 5,6 millions de tonnes produites en 2021[29]. Les débouchés du secteur sont nombreux ; les verres plats sont destinés aux marchés du bâtiment et des transports, les laines de verre au marché de l'isolation des bâtiments, les fibres de verre aux débouchés des matériaux composites, et les verres creux aux marchés de l'emballage alimentaire, du flaconnage et des arts de la table. Les fabricants de verres spéciaux s'adressent, quant à eux, à des marchés plus spécifiques et de pointe (optique, santé, etc.).

La fabrication de verre est une activité fortement intensive en énergie qui représente 3 % des émissions industrielles de GES en France. Elle nécessite la fusion d'agents vitrificateurs (sables composés notamment de silices ou verre recyclé, dit «calcin») et d'agents modificateurs. Les émissions de GES du secteur émanent à 80 % de la consommation énergétique, en particulier de celle des fours dans lesquels la fusion des matières premières s'opère à une température située entre 1 300 et 1 500 °C. Cette opération dégage en outre, à hauteur de 20 % des émissions totales, des émissions de procédés liées à la décarbonatation des matières minérales dans la production primaire de verre.

Sur la base des données disponibles, l'industrie française du verre serait légèrement moins carbonée que son homologue allemande et ce depuis le début des années 2010. En 2021, la fabrication de verre émettait, en scope 1, 486 kg de CO_2

29. Sources : BV Glass (fédération professionnelle allemande) pour l'Allemagne et estimations du Citepa pour la France.

Figure 4.1 – Intensité carbone de la production de verre (y compris laine de verre) en France et en Allemagne (en tonne de CO_2/tonne de verre)

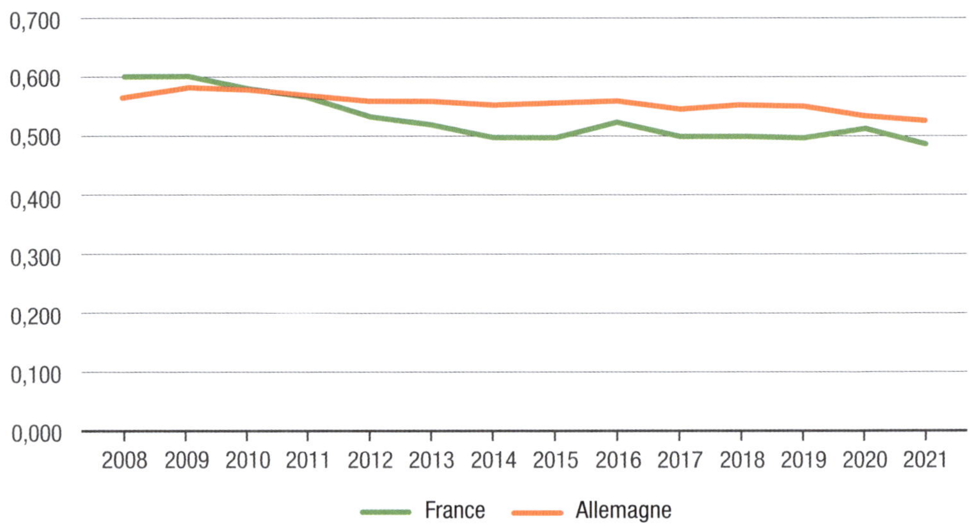

Traitements La Fabrique de l'industrie d'après Citepa, BV Glass et SEQE.

par tonne de verre produite en France, contre 525 kg en Allemagne (voir figure 4.1)[30]. Comme étayé ci-dessous, cet écart tient essentiellement à un mix produit moins carboné en France et au poids plus élevé de l'électricité dans le mix énergétique du secteur en France.

Un mix produit français porté par le verre d'emballage

La première vérification à opérer consiste à comparer les mix produits en France et en Allemagne. Comme le rappelle Jacques Bordat, président de la Fédéra-

30. L'écart d'intensité carbone par tonne de production de verre s'élève donc à –8 %, en faveur de la France. Pour rappel, l'écart d'intensité carbone par euro de valeur ajoutée de l'industrie des minéraux non-métalliques (secteur plus englobant) s'élève à 22 %, en faveur de l'Allemagne (voir figure 1.2).

tion des industries du verre, «*le verre est une industrie très hétérogène, où les outils industriels peuvent radicalement varier selon les produits, notamment la taille des fours et leur mix énergétique*».

La principale différence de procédé concerne le taux de recours au verre recyclé, ou calcin, qui permet des économies de matières premières et d'énergie[31]. Pour des raisons de pureté et de couleur du produit fini, et en amont, de disponibilité du verre recyclé, la part de calcin dépasse rarement 20 % à 30 % du mix matières pour le verre plat, contre 60 % à 90 % pour la production de verre creux (hors arts de la table), selon la couleur souhaitée. Les moyennes européennes d'intensité carbone par type de produit sont présentées en annexe VI.

L'analyse de la production révèle effectivement un mix produit favorable au verre creux, moins carboné, en France (61 % contre 55 % en Allemagne[32], comme le montre la figure 4.2). Ce constat répond à la structure des marchés servis, en particulier des marchés domestiques : ainsi, «*l'industrie française du verre est fortement positionnée sur les marchés des vins, spiritueux et bières et des parfums et cosmétiques*», indique Jacques Bordat, qui ajoute : «*par rapport à l'Allemagne, la France affiche un mix couleur plus favorable à l'introduction de calcin, notamment pour les boissons alcoolisées (bières et vins). De nombreux fours français tournent aujourd'hui avec 90 % de calcin.*» À l'inverse, la production de verre à plus forte intensité de carbone est plus importante en Allemagne : cela concerne le verre plat (29 % en Allemagne contre 24 % en France) mais également les verres techniques (4 % du marché, contre 1 % en France), dont la fabrication est encore moins permissive en matière d'intégration de calcin.

Toutefois, cette première explication d'un écart franco-allemand d'intensité carbone ne saurait être suffisante, puisque l'augmentation de la part du verre plat dans le mix produit français, dans la dernière décennie[33], ne s'est pas traduite par une augmentation concomitante de l'intensité carbone du secteur, bien au contraire.

31. D'après la feuille de route française de décarbonation du secteur du verre, le recours à une tonne de calcin permet d'éviter l'émission de plus de 300 kg de CO_2.

32. La donnée pour la France est une estimation du Citepa, sur la base des données historiques de l'Insee et des déclarations des industriels soumis au SEQE. Les données mobilisées par la Fédération des industries du verre font état d'une part du verre creux encore plus élevée, à 74 % en 2016 selon le plan de transition sectoriel du verre.

33. D'après les données du Citepa, la production de verre plat a augmenté de 28 % entre 2009 et 2021 et celle de verre creux de 2 % sur cette période.

Figure 4.2 – Mix de production de l'industrie du verre en France et en Allemagne (en % des volumes de production)

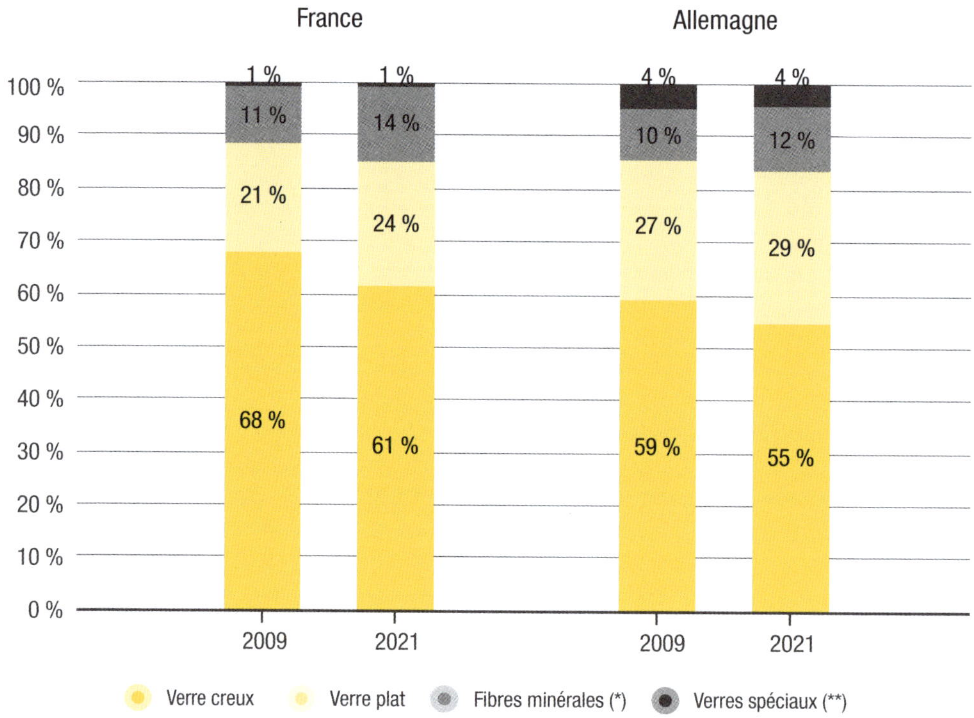

Sources : Citepa (estimations) et BV Glass. Traitement : La Fabrique de l'industrie.
(*) Laine de verre, fil de verre et laine de roche ; (**) Tubes en verre, lunetterie, optique, ampoules, verre de laboratoire, etc.

Un mix énergétique plus électrifié en France

Les performances énergétiques du secteur s'apprécient au regard de l'intensité énergétique d'une part et du mix énergétique d'autre part. D'après les données d'Eurostat, l'intensité énergétique de l'industrie du verre est sensiblement plus faible en France. En 2021, elle s'élève à 7,9 GJ d'énergie consommée (électricité et chaleur incluses) par tonne de verre produite, contre 8,8 GJ par tonne de verre outre-

Le recyclage de verre creux

Le recours au calcin par les fabricants de verre dépend de la disponibilité de cette matière secondaire, et donc de la maturité de l'écosystème d'économie circulaire, et notamment du degré de sensibilisation des consommateurs finaux.

En matière de recyclage de verre creux, la France a progressé ces dernières années, si bien qu'elle talonne désormais l'Allemagne. D'après les données de la plateforme Close the Glass Loop relayées par la fédération européenne Glass Alliance Europe, le taux de collecte du verre d'emballage (défini comme la part du verre d'emballage usagé qui est envoyé dans un centre de tri) s'élevait à 82 % en France en 2021 (soit 2,2 millions de tonnes de verre d'emballage recyclées, +5 points de pourcentage par rapport à 2019) contre 84 % en Allemagne en 2021 (soit 2,3 Mt de verre d'emballage recyclées, pourcentage stable en deux ans) et 80 % en moyenne dans l'Union européenne (+2 points). L'industrie européenne du verre s'est fixé comme objectif d'atteindre 90 % de collecte de verre en 2030, un taux déjà atteint en Finlande, en Norvège et en Slovénie.

Parmi les méthodes de recyclage, Jacques Bordat rappelle que l'Allemagne pratique, de façon bien plus significative que la France, le réemploi du verre qui consiste à collecter, par le biais de consignes, les bouteilles de verre vides pour les réutiliser : «*L'Allemagne réemploie les bouteilles usagées de bière, d'eau minérale et de boissons rafraîchissantes. En France, le réemploi du verre par les particuliers a quasiment disparu, mais il se maintient chez les cafés-restaurants, et de nouvelles start-up se développent pour réadresser le marché des particuliers.*» Or, il faut noter que cette pratique appelle à une chaîne de valeur logistique et industrielle différente de la production de verre primaire.

Rhin. Cela paraît cohérent avec la surreprésentation du verre creux en France, dont la production est moins énergivore que celle du verre plat.

Pour ce qui est du mix énergétique, le gaz naturel et l'électricité couvrent à ce jour la quasi-totalité des besoins du secteur, comme le montre la figure 4.3. Les industriels français et allemands du verre sont pratiquement sortis du fioul lourd, dont la consommation «*tend vers zéro*», comme l'indique Jacques Bordat. Deux enseignements ressortent toutefois de l'analyse des mix énergétiques. D'abord, l'électricité occupe une part plus élevée en France en 2021, à 26 % contre 22 % en Allemagne. D'après le plan national de décarbonation, cet écart reflète là encore la différence de mix produit, et plus précisément la présence en France, sur le segment du verre creux, de fours 100 % électriques.

Figure 4.3 – Mix énergétique de la fabrication de verre en France et en Allemagne en 2021

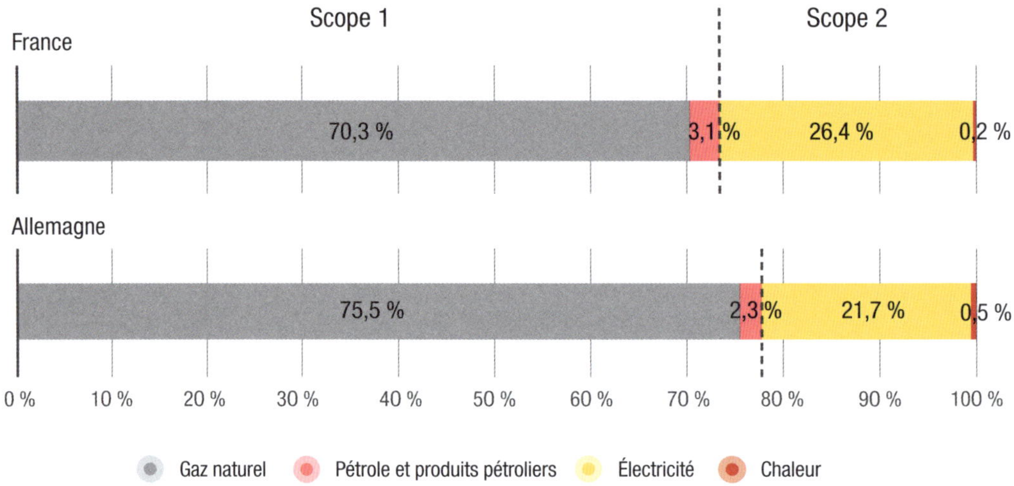

Source : Eurostat, code 23.1 de la NAF. Traitement : La Fabrique de l'industrie.

Par ailleurs, la chute de la consommation française de fioul lourd, constatée entre 2008 et 2014 et compensée par le gaz naturel, coïncide étroitement avec la baisse de l'intensité carbone du secteur sur la même période. D'après les estimations du Citepa, le fioul lourd représentait 35 % du mix de combustibles (hors électricité et chaleur) en 2008 et sa part est tombée à 9 % en 2014 (–27 points). La décarbonation du mix énergétique a donc bien participé au recul de l'intensité carbone du secteur en France. L'indisponibilité des données annuelles de consommation énergétique en Allemagne ne permet pas d'étayer la même hypothèse pour l'industrie du verre outre-Rhin.

En résumé, en scope 1, l'intensité carbone de l'industrie française du verre, légèrement plus faible que celle de son homologue allemande, s'explique donc par un mix produit relativement moins carboné qui s'accompagne d'un mix énergétique sensiblement plus porté sur l'électricité.

CHAPITRE 5

La chimie et la pétrochimie : de nombreux biais d'analyse identifiés

Le raffinage de pétrole, moins carboné en France

Par différents procédés thermiques et chimiques, les raffineries de pétrole transforment le pétrole brut en produits pétroliers divers ; certains sont utilisés comme produits énergétiques (notamment les carburants et combustibles) et d'autres comme intrants des vapocraqueurs sur les sites pétrochimiques (naphtas, éthane, butane propane, etc.). Des lubrifiants et des bitumes sont également produits à partir de pétrole. D'après les bilans énergétiques d'Eurostat, les sept dernières raffineries françaises de pétrole (hormis la bioraffinerie de La Mède) ont traité 34,8 Mt de pétrole brut en 2021, contre 85,4 Mt de pétrole brut pour les seize raffineries allemandes. Les principaux produits de raffinage sont les carburants : l'essence et le gazole pour les transports routiers, le kérosène pour les avions et le fioul lourd pour les navires représentent à eux seuls 74 % de la production française et 76 % de la production allemande des raffineries (productions converties en TJ) en 2021.

À l'instar des cokeries sidérurgiques, le raffinage de pétrole, pourtant considéré comme une activité industrielle dans la nomenclature d'activités française, relève du secteur de l'énergie dans les bilans énergétiques et dans les inventaires nationaux d'émissions de GES soumis aux Nations unies. Les émissions de ce secteur émanent en quasi-totalité d'opérations de combustion, y compris la combustion des produits pétroliers partiellement réinjectés pour générer de la chaleur ou autoproduire de l'électricité.

L'industrie française du raffinage de pétrole est tendanciellement moins carbonée que l'industrie allemande, comme le montre la figure 5.1. L'écart s'est d'ailleurs accru lors de la dernière décennie

Figure 5.1 – Intensité carbone du raffinage de pétrole en France et en Allemagne (en tonne de CO_2/tonne de pétrole brut traité)

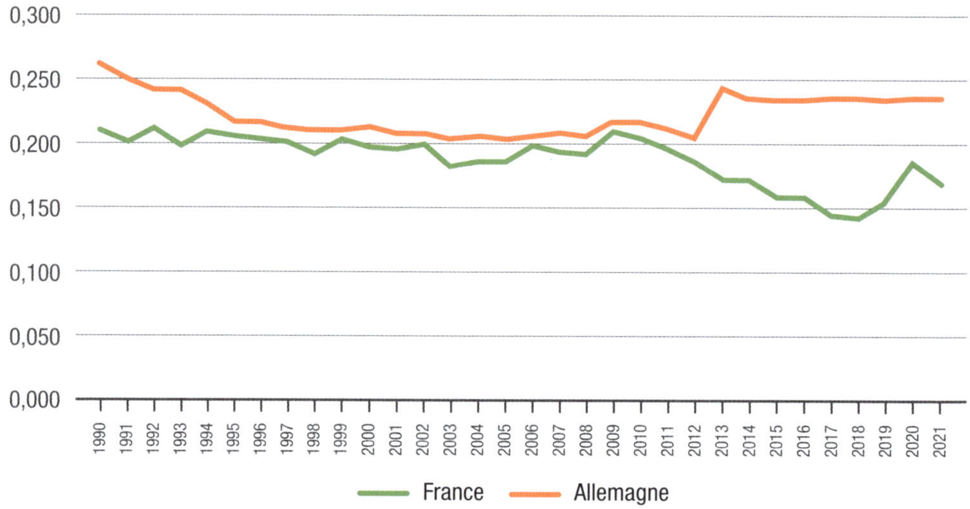

Traitements La Fabrique de l'industrie d'après Eurostat (bilans énergétiques) et inventaires nationaux d'émissions (format CCNUCC).
Les données d'émissions des torchères en raffinerie étant indisponibles dans l'inventaire allemand, elles ont été retirées des données françaises. En France, elles représentaient 3,8 % des émissions du secteur du raffinage de pétrole en 2021.

si bien qu'en 2021, l'intensité carbone du secteur s'élève à 169 kg de CO_2/tonne de pétrole brut traité en France, contre 234 kg de CO_2/tonne de pétrole brut traité en Allemagne. L'investigation révèle que cet écart significatif tient d'une part à une rupture statistique dans la série d'émissions allemande, d'autre part à l'amélioration des performances énergétiques (mix énergétique et intensité énergétique) des raffineries françaises.

Des données imparfaitement comparables entre les deux pays

Le bond de l'indicateur allemand observable entre 2012 et 2013 (+20 % sur un an) trahit une rupture dans les statistiques, ce que confirme la documentation technique de l'inventaire national. En effet, à compter de 2013, une partie des émissions énergétiques des plateformes allemandes de raffinage, jusqu'alors rattachées aux émissions énergétiques de l'industrie manufacturière, ont été réallouées au secteur du raffinage de pétrole afin de mettre en cohérence l'inventaire national avec la méthodologie d'allocation des émissions du SEQE.

Si l'inventaire français ne présente pas de rupture similaire, il suscite toutefois une autre interrogation. Les données de déclaration du SEQE, sur lesquelles s'appuie le Citepa pour chiffrer les émissions du secteur, couvrent non seulement les activités de raffinage de pétrole mais également les activités de bioraffinage vers lesquelles les sites industriels se diversifient (fabrication de biodiesel, de bioessence, etc.). Or, ces activités relativement nouvelles ne sont normalement pas couvertes dans notre exercice : l'intensité carbone que nous calculons est uniquement basée sur les volumes de pétrole brut traité. En comparaison, l'inventaire allemand énonce clairement dans sa documentation que les émissions des bioraffineries sont reportées ailleurs dans la nomenclature. Il faut donc interpréter les évolutions récentes de l'indicateur français avec précaution, notamment le rebond observé à partir de 2019 qui coïncide avec la mise en activité de la bioraffinerie de La Mède. Cette nouvelle activité produit des émissions de GES non liées à un traitement de pétrole brut.

De meilleures performances énergétiques en France

Même après avoir relevé ces points de vigilance, il reste à expliquer l'écart croissant d'intensité carbone en faveur des raffineries françaises sur la période 2009-2018. L'analyse des consommations énergétiques peut y aider, puisque les émissions de combustion représentent la quasi-totalité des émissions du secteur.

Comme le révèle la figure 5.2, les raffineries françaises présentent un mix énergétique moins carboné que leurs homologues allemandes. Les raffineries françaises n'utilisent, à ce jour, quasiment plus de combustible liquide ou fioul (0,3 % de la consommation énergétique du secteur en 2021) au profit du gaz naturel (40 %), ce qui n'est pas encore le cas de leurs voisines allemandes (8 % pour le fioul, 20 % pour le gaz naturel). Or, le fioul dégage plus d'émissions carbonées que le gaz naturel. Cette avance française s'explique notamment par une réglementation nationale proactive sur les émissions de polluants atmosphériques, qui émanent entre autres de la combustion de produits

Figure 5.2 – L'évolution du mix énergétique du raffinage de pétrole en France et en Allemagne (en % de volumes énergétiques exprimés en TJ)

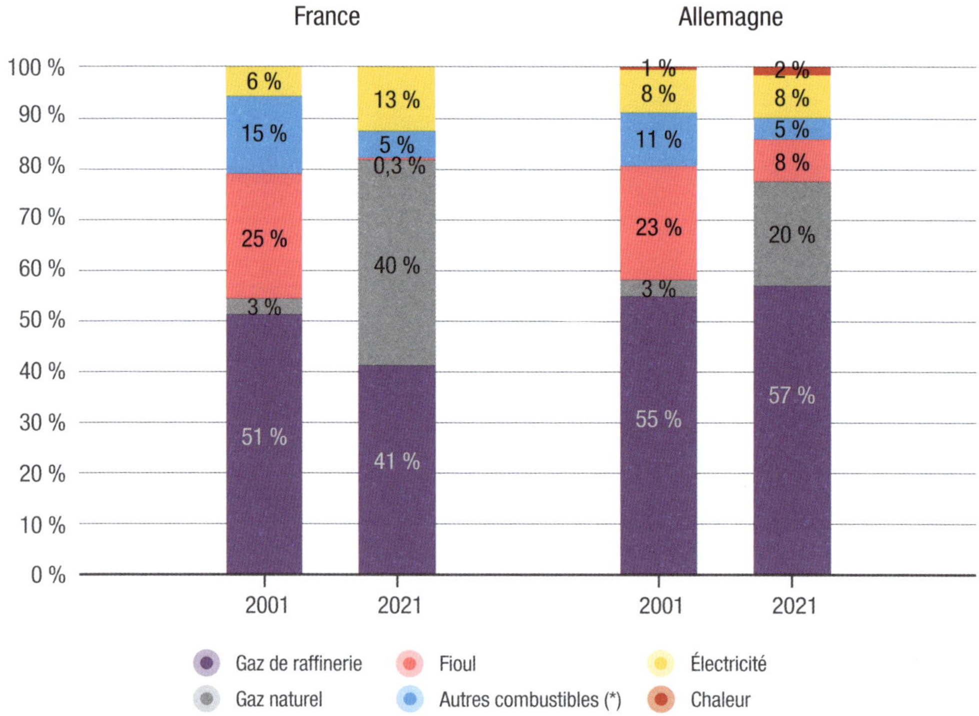

Source : Eurostat (bilans énergétiques). Traitement : La Fabrique de l'industrie.
(*) Autres produits pétroliers (gazole et carburants diesel, gaz de pétrole liquéfié, etc.) et gaz sidérurgiques.
Les activités de bioraffinerie sont exclues du périmètre du raffinage de pétrole dans les bilans énergétiques. La consommation de coke de pétrole a été retirée du périmètre, conformément aux recommandations des experts de l'Ufip Énergies et Mobilités, car le brûlage du coke de catalyse est une opération de régénération.

pétroliers[34]. L'arrêté ministériel du 21 juin 2005 a abaissé les plafonds d'émission de dioxyde de soufre des installations de raffinage de pétrole (entre autres secteurs concernés), incitant les industriels à adopter des techniques plus efficaces «*et cela avant que la directive [européenne] sur les émissions industrielles, dite Industrial Emissions Directive, ne l'impose pour le raffinage [européen] à la fin 2018*» (Chevallier, 2019). Comme le précise Muriel Pignon, directrice de la transition énergétique et des plateformes industrielles à l'Ufip Énergies et Mobilités, «*retirer le soufre des carburants (désulfurer) est une opération assez simple à réaliser et très répandue dans les raffineries, tandis que la désulfuration des coupes lourdes (fioul) nécessite des conditions techniques plus complexes, nécessitant des investissements importants, qui ne sont pas mis en œuvre dans tous les sites.*»

Les raffineries françaises ne présentent pas seulement un mix énergétique moins carboné : elles affichent également une meilleure efficacité énergétique. Comme le montre la figure 5.3, la consommation d'énergie (électricité et chaleur comprises) nécessaire pour traiter une tonne de pétrole brut a baissé en France entre 2001 et 2021, alors qu'elle a sensiblement augmenté en Allemagne. En 2021, le traitement d'une tonne de pétrole brut a ainsi nécessité 1,7 GJ d'énergie en France, contre 2,9 GJ en Allemagne. Cet écart important ne surprend pas les experts interrogés : «*Les années 2010 ont été la décennie de l'efficacité énergétique en France,* confirme Muriel Pignon, *en lien notamment avec des incitations de nature fiscale et le soutien de l'Ademe destiné à la fois aux industriels et aux particuliers*». Depuis la loi de transition énergétique pour la croissance verte du 17 août 2015, les industriels électro-intensifs, dont font partie les raffineurs de pétrole, bénéficient d'un abattement du tarif d'utilisation du réseau public d'électricité (TURPE) à condition de s'engager sur des programmations pluriannuelles de l'énergie (PPE) et de respecter la certification ISO 50001. «*Ce dispositif national d'économies d'énergie a été pleinement saisi par les industriels du raffinage*», indique Muriel Pignon.

En somme, si les raffineries françaises de pétrole affichent aujourd'hui une intensité carbone plus faible que leurs concurrentes allemandes, c'est parce qu'elles présentent de meilleures performances énergétiques (mix énergétique moins carboné et intensité énergétique plus faible).

34. Par définition, les polluants atmosphériques ne sont pas des gaz à effet de serre. Ils couvrent notamment les particules et poussières en suspension (PM), le dioxyde de soufre (SO_2), les oxydes d'azote (NOx) et les composés organiques volatils (COV).

Figure 5.3 – Intensité énergétique du raffinage de pétrole en France et en Allemagne (en GJ/tonne de pétrole brut)

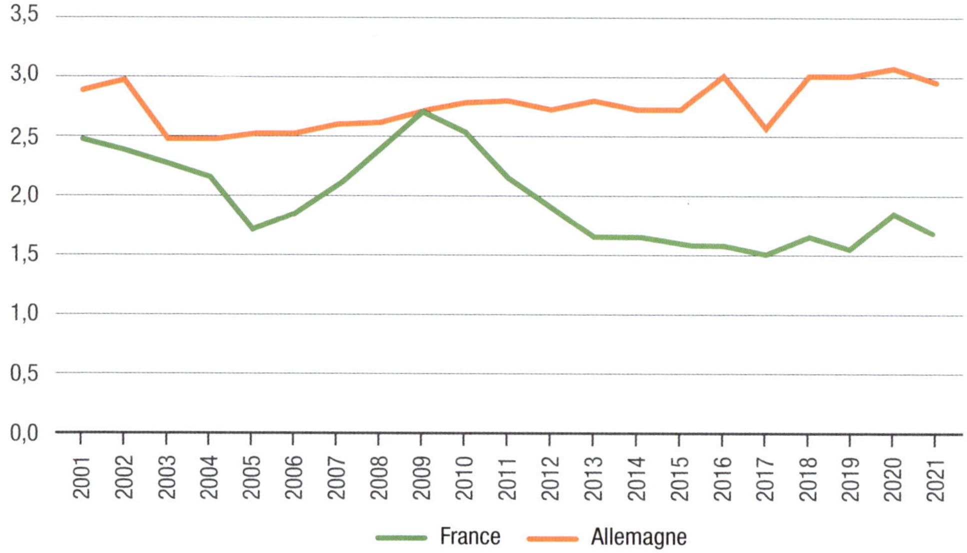

Traitements La Fabrique de l'industrie d'après Eurostat (bilans énergétiques).
Note : hors brûlage de coke et bioraffineries.

La chimie : une industrie allemande plus électrifiée et donc moins carbonée en scope 1

Des intrants industriels aux produits grand public, la chimie est une industrie particulièrement diversifiée en termes de produits et de débouchés. Elle couvre la chimie organique (produits pétrochimiques en aval des raffineries) mais aussi la chimie minérale (gaz industriels, engrais, etc.) et une partie de la chimie de grande consommation (savons, parfums, produits d'entretien)[35]. L'Allemagne et la France sont

35. Les activités de fabrication de produits pharmaceutiques et de produits en caoutchouc et en plastique ne relèvent pas du secteur de la chimie au sens de la nomenclature d'activités.

Figure 5.4 – Intensité carbone du secteur de la chimie en France et en Allemagne (en g éq. CO_2 par euro de valeur ajoutée brute)

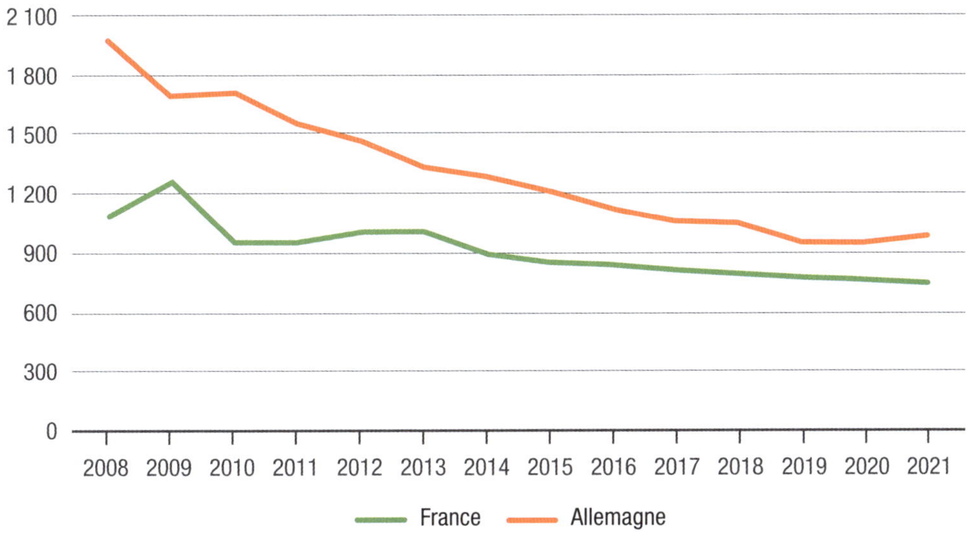

Source : Eurostat, valeur ajoutée en euros constants 2010. Traitements La Fabrique de l'industrie.

les deux plus grands producteurs européens de produits chimiques ; elles assuraient respectivement 30 % et 18 % du chiffre d'affaires européen du secteur en 2022, d'après la fédération européenne Cefic.

Calculée sur la base de la valeur ajoutée[36], l'intensité carbone moyenne de l'industrie chimique est plus élevée en France qu'en Allemagne. En 2021, elle s'élève à 837 g éq. CO_2/€ VA brute (en euros courants) en France, contre 654 g éq. CO_2/€ VA brute en Allemagne

36. Compte tenu de la diversité des produits chimiques et de l'étendue du secret statistique dans les données de production en volume, nous choisissons pour cette étude de cas de présenter l'indicateur d'intensité carbone tel qu'il est calculé dans le chapitre 1, c'est-à-dire sur la base de la valeur ajoutée.

(voir évolution en euros constants 2010 en figure 5.4). Comme le montre la suite de l'étude de cas, cet écart d'intensité carbone ne tient pas à un mix produit qui serait plus carboné en France mais au poids plus élevé de l'électricité (dont les émissions ne sont pas comptabilisées dans le scope 1 mais dans le scope 2) dans le mix énergétique de l'industrie chimique allemande.

Le mix de production, une explication partielle de l'écart franco-allemand

Comme à l'échelle de toute l'industrie manufacturière, les pondérations respectives des diverses activités chimiques sont à l'origine d'un effet de structure infrasectoriel, qui explique en partie les écarts d'intensité carbone entre les deux pays. Par exemple, la chimie de base (à commencer par la pétrochimie) est plus carbonée que la chimie de spécialités.

Cet effet structurel semble avoir joué en dynamique, sur la dernière décennie. Le recul plus prononcé de l'intensité carbone de la chimie française (−51 % entre 2008 et 2021, contre −30 % en Allemagne) est en effet dû, en partie du moins, au recul concomitant de la chimie de base dans le tissu productif au profit des activités aval, une tendance nettement moins perceptible en Allemagne sur la même période (voir figure 5.5).

Paradoxalement, cette explication structurelle ne vaut pourtant pas pour expliquer l'écart d'intensité carbone entre les deux pays. La chimie française, alors même qu'elle présente une intensité carbone plus élevée, est déjà plus portée sur les activités peu émettrices que la chimie allemande. Comme le confirme Sylvain Le Net, responsable Énergie au sein de France Chimie, «*le mix produit est très différent entre la France et l'Allemagne, avec une forte pondération des savons, parfums, cosmétiques en France*». À lui seul, ce segment représente 37 % de la valeur ajoutée de l'industrie chimique française en 2020, contre 14 % en Allemagne. À l'inverse, la chimie de base ne représentait que 39 % de la valeur ajoutée du secteur en France en 2020, contre 60 % en Allemagne.

Le mix énergétique, explication centrale de l'écart observé

L'intensité énergétique du secteur s'avère globalement similaire de part et d'autre du Rhin : 10,0 TJ/M€ de VA en France contre 10,8 TJ/M€ de VA en Allemagne en 2021. En revanche, leurs mix énergétiques respectifs sont très différents : celui de la chimie allemande repose davantage sur l'électricité et la chaleur, qui représentent 50,6 % de la consommation énergétique contre 40,9 % en France (voir figure 5.6).

Figure 5.5 – Détail par sous-secteur de la valeur ajoutée du secteur de la chimie

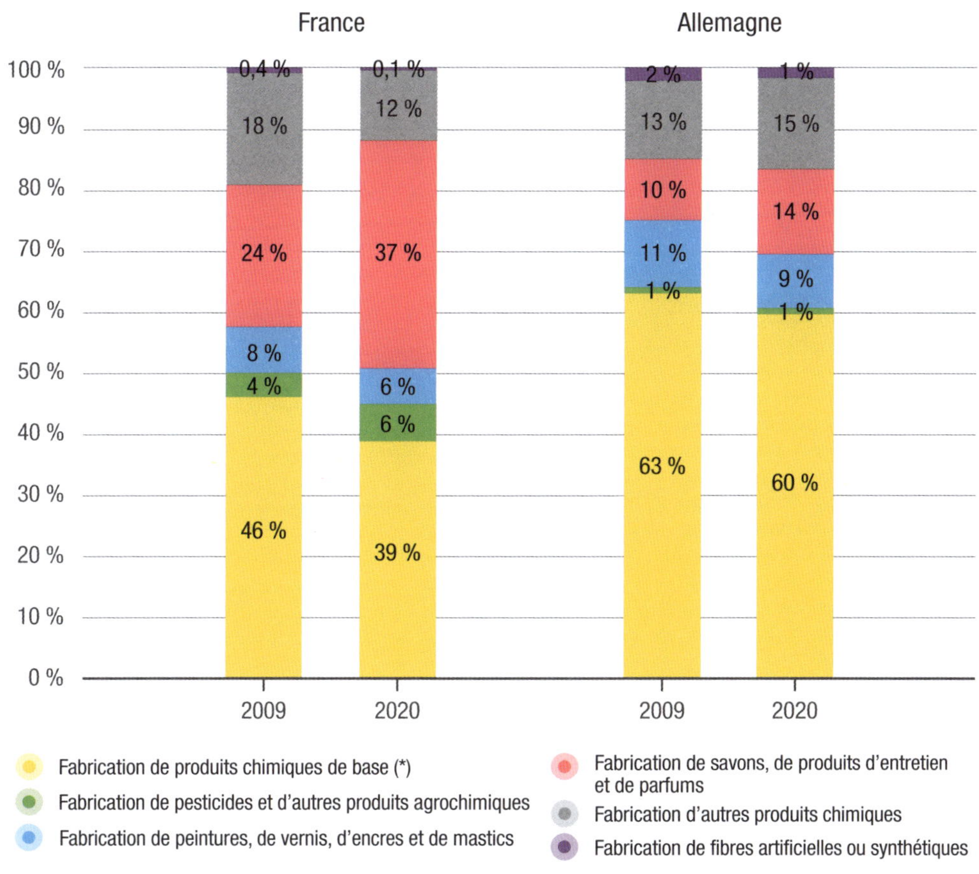

Source : Eurostat, statistiques structurelles des entreprises. Traitement : La Fabrique de l'industrie.
Les millésimes 2009 et 2020 sont présentés ici car les données de valeur ajoutée y sont disponibles pour tous les sous-secteurs.
(*) Gaz industriels, colorants et pigments, produits azotés et engrais, matières plastiques de base, caoutchouc synthétique, etc.

Figure 5.6 – Mix énergétique du secteur de la chimie en France et en Allemagne en 2021

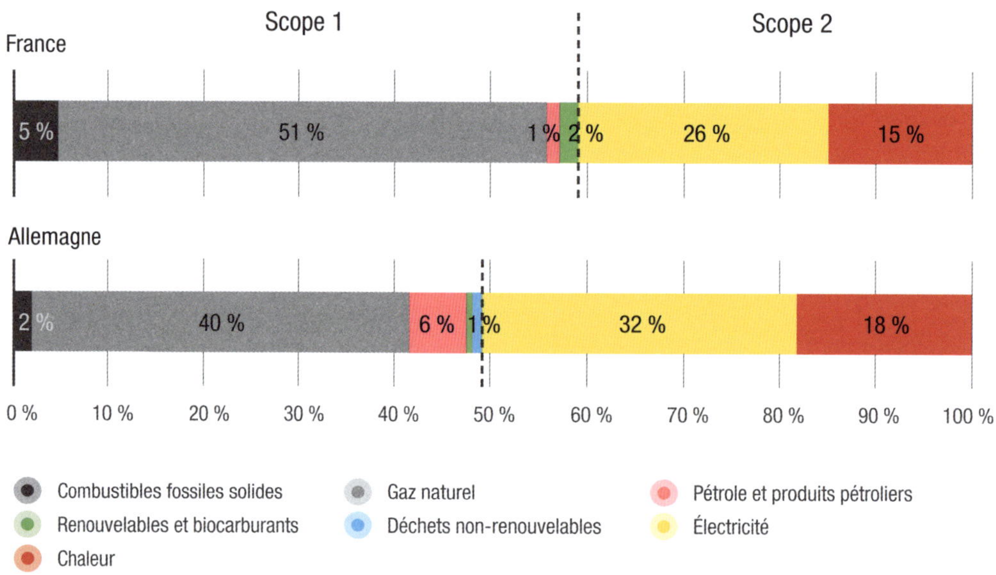

Source : Eurostat. Traitement : La Fabrique de l'industrie.

Ce n'est pas tant que la chimie allemande soit en avance sur son électrification, mais plutôt que les segments électro-intensifs de l'industrie chimique sont plus représentés en Allemagne. Comme le précise Sylvain Le Net, « *la pétrochimie, la fabrication de chlore, qui s'opère par électrolyse et qui est la matière première du PVC, ou encore la fabrication de pigments, sont des activités importantes en Allemagne* ».

Par ailleurs, la surreprésentation de l'électricité et de la chaleur dans le mix énergétique de la chimie allemande traduit un recours aux installations de cogénération plus développé outre-Rhin. Cette pratique consiste à produire à la fois de l'électricité et de la chaleur à partir d'une même source d'énergie thermique afin d'en accroître le rendement énergétique. Comme le rappelle Sylvain Le Net, « *elle a été historiquement soutenue davantage par les pouvoirs publics en Allemagne par rapport à la France. Cela a été un choix politique dans le cadre de la décarbonation du mix énergétique national*». Or, la cogénération introduit un biais puisqu'«*elle a pour effet de transférer des émissions de scope 1 vers le scope 2*», comme le précise Sylvain Le Net.

En résumé, si la chimie allemande apparaît moins carbonée que de la chimie française, c'est parce qu'une part relativement importante de ses émissions sort en réalité du périmètre du scope 1.

> « Une part importante des émissions énergétiques de l'industrie allemande sort en réalité du périmètre du scope 1. »

Au terme de ces cinq focus sectoriels, il ressort que l'écart d'intensité carbone constaté à l'échelle nationale entre les industries manufacturières française et allemande cache des réalités sectorielles contrastées et surtout, des écarts bien plus faibles en volume de production qu'en unité de valeur ajoutée. Dans les industries lourdes, qui concentrent l'essentiel des émissions industrielles, les sites allemands ne sont pas systématiquement moins carbonés que les sites français. Les écarts sectoriels, quand ils sont significatifs, tiennent tantôt à la structure de production, tantôt à des biais d'analyse dont peuvent souffrir les données d'émissions de GES : ruptures et réallocations statistiques, sortie des émissions du secteur ou du scope 1.

Il paraît donc recommandé d'élargir la focale aux émissions indirectes au moment de procéder à des comparaisons transnationales. C'est l'objet du sixième et dernier chapitre.

CHAPITRE 6

L'électricité, poste croissant de l'empreinte carbone industrielle

L'électricité occupe une place importante dans le mix énergétique de l'industrie manufacturière (36 % en 2021 en France et en Allemagne) et sa part est appelée à progresser encore à l'horizon 2050, du fait de l'électrification des procédés. Or, on sait que l'électricité elle-même peut être plus ou moins carbonée, selon les choix des États en matière de moyens de production. Ce chapitre élargit la mesure de l'intensité carbone de l'industrie aux émissions de scope 2 et s'interroge, de façon prospective, sur l'évolution prévisible de l'écart franco-allemand observé en la matière.

L'électricité décarbonée : une avance française au bénéfice de l'industrie

Un mix électrique six fois moins carboné en France

Selon la source d'énergie primaire utilisée, les émissions de GES engendrées par la production d'électricité varient fortement d'une centrale électrique à l'autre (voir annexe VII) et, à plus grande échelle, d'un pays à l'autre.

La France et l'Allemagne présentent ainsi des mix électriques diamétralement distincts, comme le montre la figure 6.1. Celui de la France est porté par le nucléaire (68 % du mix électrique national en 2021) et les énergies renouvelables (24 %), des énergies primaires qui n'émettent pas de GES. Celui de l'Allemagne présente quant à lui une part certes plus élevée d'électricité renouvelable (41 %), mais également beaucoup d'énergies fossiles (47 % du mix, contre 8 % en France) : résultat, son mix électrique est en moyenne six fois plus carboné (347 g éq. CO_2/kWh en 2021, contre 56 g éq. CO_2/kWh). À l'échelle européenne, la France se hisse d'ailleurs sur le podium en matière de production électrique décarbonée, derrière la Suède et le Luxembourg (voir annexe VIII).

Figure 6.1 – Mix électrique et facteur d'émission moyen de la production d'électricité en France et en Allemagne en 2021

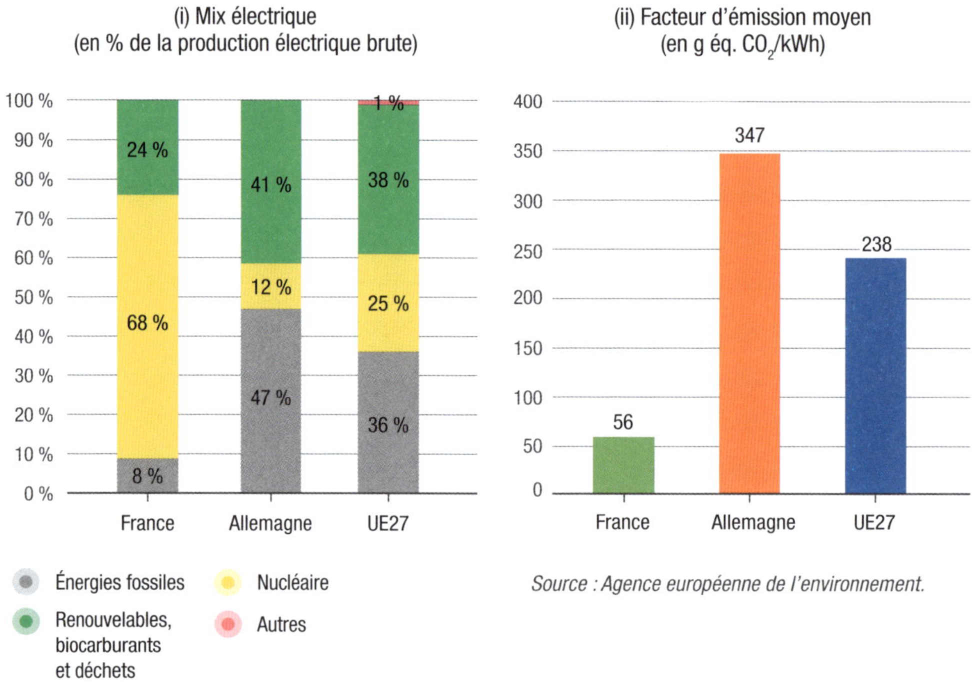

Source : Eurostat.

Source : Agence européenne de l'environnement.

Charbon en Allemagne et nucléaire en France : un bref retour historique

Au sein de l'Union européenne, comme ailleurs dans le monde, le choix du mix énergétique est historiquement aux mains des États. L'article 194 du traité sur le fonctionnement de l'Union européenne (TFUE) stipule que chaque État membre conserve son droit «*de déterminer les conditions d'exploitation de ses ressources énergétiques, son choix entre différentes sources d'énergie et la structure générale de son approvisionnement énergétique*». À cet égard, l'écart significatif entre les mix électriques de la France et de l'Allemagne reflète des préférences et des choix politiques historiques, notamment entre le charbon et le nucléaire.

L'Allemagne, divisée jusqu'en 1991 entre la République fédérale allemande et la République démocratique allemande, exploite de longue date le charbon pour produire de l'électricité et, plus largement, pour satisfaire les besoins énergétiques de son industrie et des ménages (Livet, 2023). Cela tient d'abord à des raisons géologiques, le territoire allemand bénéficiant de nombreux gisements de charbon (houille et lignite) qui alimentent une économie minière historiquement importante et en partie subventionnée par l'État (Matthes, 2021). Depuis 2019, l'activité minière allemande est cantonnée à l'exploitation du lignite, notamment à ciel ouvert (126 Mt extraits en 2021 d'après le bilan énergétique national d'Eurostat, soit 38 % de la production européenne totale de charbon), pour alimenter les centrales thermiques du pays, un débouché qui capte 83 % de la production nationale.

En parallèle de cette activité minière, le développement du parc nucléaire civil allemand fut moins important. Pour cause, le nucléaire souffre en Allemagne d'une faible acceptabilité auprès de la population, une réserve que reflètent et alimentent régulièrement les mouvements et prises de position antinucléaires (Livet, 2022). Comme le résume Annabelle Livet, chargée de recherche en sécurité énergétique à la Fondation pour la recherche stratégique, « *le nucléaire n'a jamais vraiment pris en Allemagne* ».

La France, quant à elle, est naturellement moins dotée en charbon sur son territoire et importe historiquement une part importante de ses énergies primaires (charbon et pétrole). Au moment des chocs pétroliers des années 1970, le nucléaire, déjà mobilisé dans le domaine militaire et pour la production d'électricité, a été mis à profit pour gagner davantage en indépendance énergétique (Guillaumat-Taillier, 1987 ; Bersalli *et al.*, 2023). La progression a été telle entre les années 1970 et 1990 que « *le nucléaire a fait sortir le charbon de la carte française des énergies* », indique Annabelle Livet.

En conséquence, un scope 2 (hors chaleur) de l'industrie plus élevé en Allemagne

L'écart significatif d'intensité carbone de la production électrique entre les deux pays se reflète naturellement sur le bilan carbone de l'industrie, le premier secteur consommateur d'électricité en Allemagne (211 TWh en 2021) et le troisième en France (107 TWh)[37]. L'intégration de ces émissions indirectes, dites de scope 2

37. D'après les bilans énergétiques nationaux d'Eurostat, l'industrie manufacturière représentait 43 % du volume de la consommation nationale d'électricité en Allemagne en 2021 et 25 % en France. Cet écart tient au poids plus élevé de l'industrie dans le produit intérieur brut (PIB) de l'Allemagne. Les autres grands postes de consommation d'électricité sont les ménages (28 % en Allemagne, 39 % en France) et les commerces et les services publics (24 % en Allemagne et 30 % en France).

Figure 6.2 – Intensité carbone directe et indirecte de l'industrie manufacturière en 2021, hors cokéfaction-raffinage (en g éq. CO_2 par euro de valeur ajoutée brute)

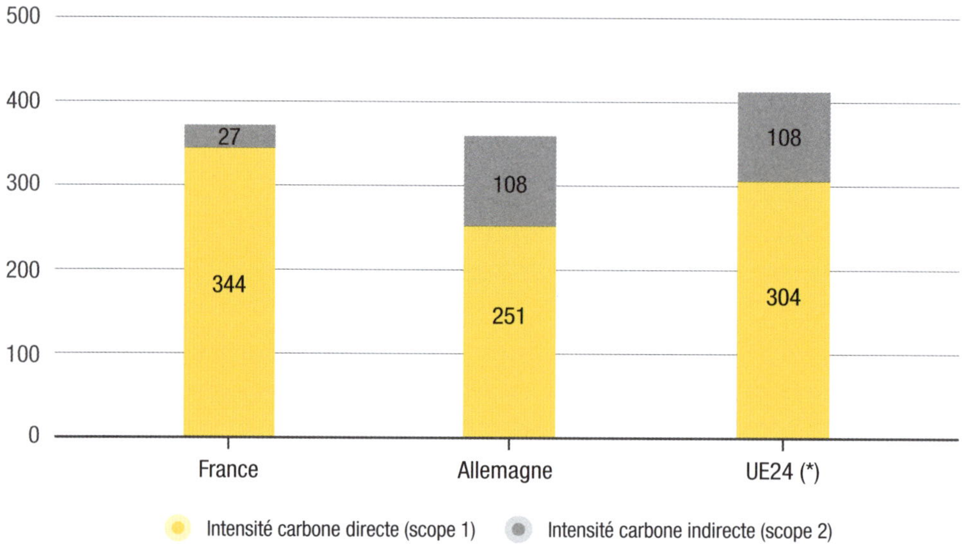

Sources : Eurostat (scope 1) et estimations La Fabrique de l'industrie (scope 2, hors chaleur).
(*) UE27 hors Espagne, Danemark et Luxembourg (données manquantes).

(hors chaleur), consiste à attribuer au secteur industriel les émissions du parc électrique au prorata de sa consommation ; nous rapportons ensuite ce volume d'émissions à la valeur ajoutée du secteur (voir annexe IX)[38].

38. Cet exercice d'estimation appelle deux remarques. D'une part, nous utilisons le facteur d'émission de la production nationale d'électricité et non celui de la consommation qui s'en écarte légèrement du fait des flux transnationaux d'électricité. À partir de données de facteurs d'émission de 2019, Scarlat *et al.* (2022) estiment que, du fait des échanges d'électricité transfrontaliers, l'intensité carbone de la consommation d'électricité est supérieure à l'intensité carbone de la production d'électricité de 3 % en Allemagne et de 14 % en France. D'autre part, nous supposons, à défaut de données plus fines à notre connaissance, que la consommation industrielle reflète strictement le mix électrique national moyen, ce qui ne rend pas compte de potentiels arbitrages d'approvisionnement plus ou moins vertueux des entreprises industrielles en matière d'électricité décarbonée.

Figure 6.3 – Intensité carbone directe et indirecte de l'industrie manufacturière en 2021 à tissus industriels identiques (en g éq. CO_2 par euro de valeur ajoutée brute)

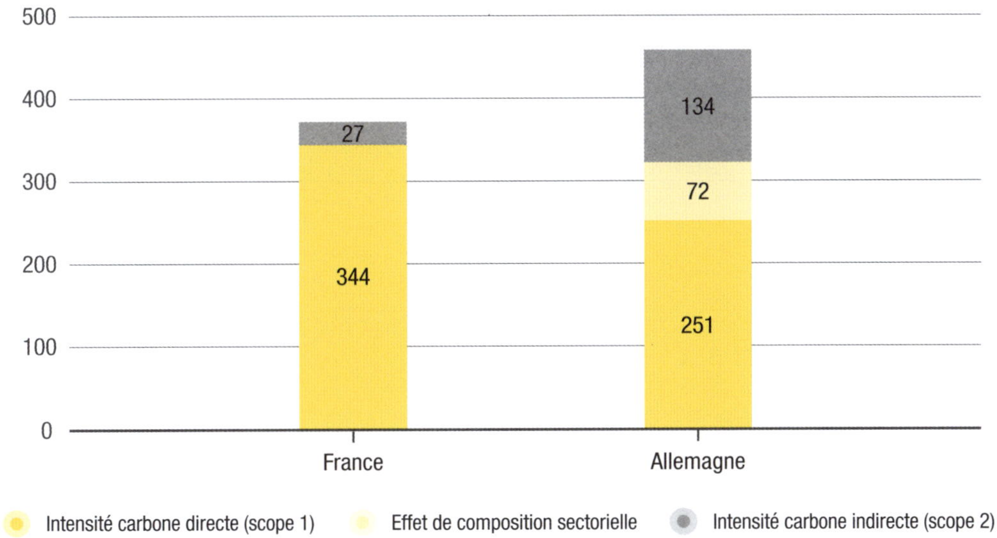

Estimations La Fabrique de l'industrie d'après Eurostat, hors cokéfaction-raffinage.
Les émissions de scope 2 (hors chaleur) de l'industrie allemande ont été ici estimées à tissu industriel identique à celui de la France, ce qui explique la différence d'intensité carbone de scope 2 (hors chaleur) par rapport à la figure précédente.

Sur cette base, l'intensité carbone de scope 2 de l'industrie manufacturière apparaît quatre fois supérieure en Allemagne (108 g éq. CO_2/€ VA contre 27 g éq. CO_2/€ VA en France) et ce alors même que l'électricité représente, pour rappel, une part similaire du mix énergétique industriel en France et en Allemagne. À l'échelle de l'ensemble de l'industrie manufacturière, et indépendamment des effets de composition et de gamme identifiés en chapitre 1, cet écart sur les émissions de scope 2 (hors chaleur) compense presque totalement l'écart relevé initialement entre les intensités carbone en scope 1 (voir figure 6.2). Si nous cumulons cet « effet scope 2 » avec l'effet de composition sectorielle estimé dans le chapitre 1, l'écart franco-allemand d'intensité carbone s'inverse ; c'est l'industrie allemande qui apparaît plus carbonée que l'industrie française (voir figure 6.3).

Figure 6.4 – Intensité carbone directe et indirecte de l'industrie manufacturière par secteur en France et en Allemagne en 2021 (en g éq. CO_2 par euro de valeur ajoutée brute)

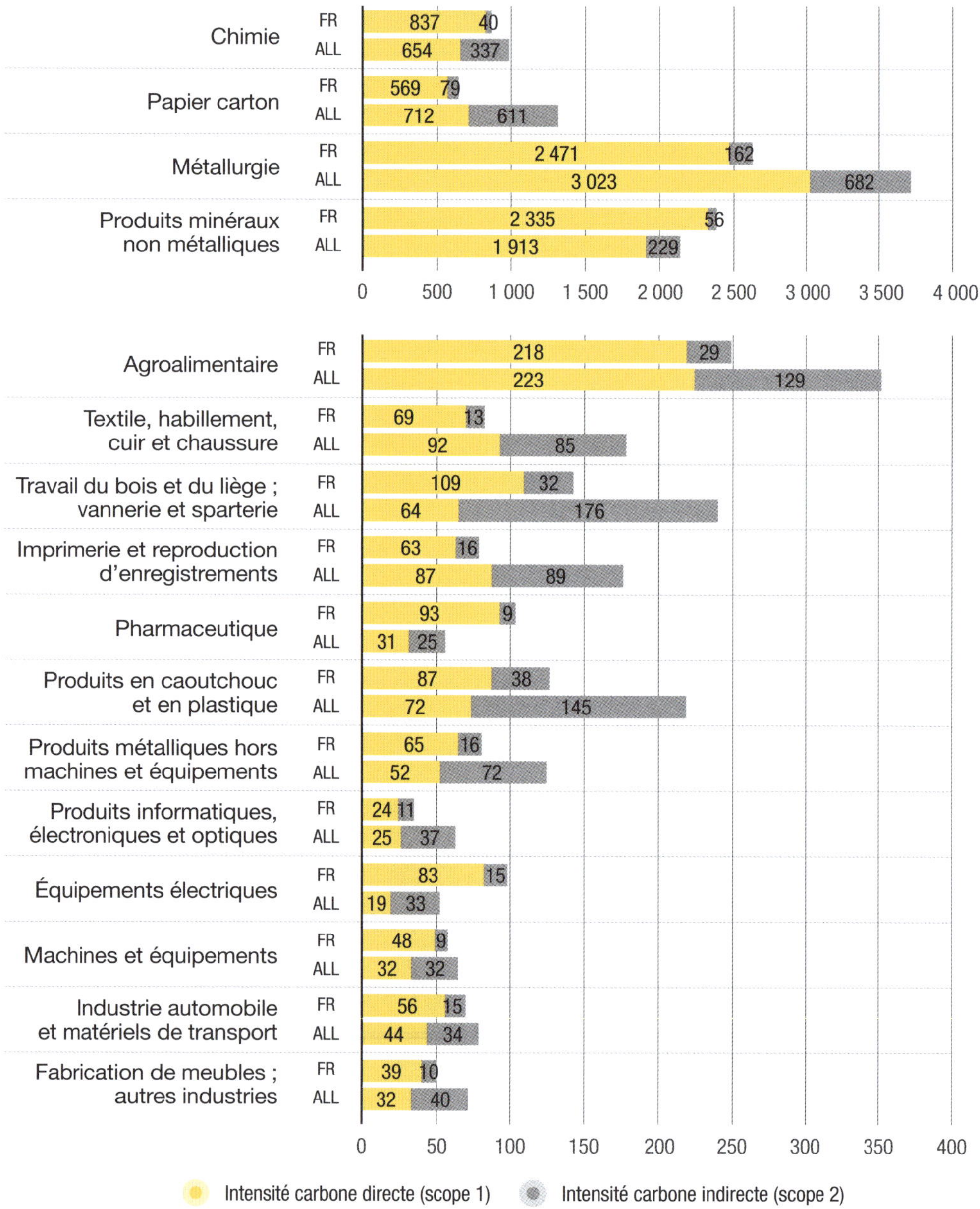

Sources : Eurostat (scope 1) et estimations de La Fabrique de l'industrie (scope 2 hors chaleur).

Notons en outre que, dans la plupart des secteurs plus carbonés en scope 1 en France, l'écart avec l'Allemagne s'inverse de la même façon une fois intégrées les émissions de scope 2 (voir figure 6.4). C'est le cas des industries aval, comme l'industrie des produits métalliques, l'industrie des machines et équipements ainsi que l'industrie automobile et des autres matériels de transport. C'est également le cas de l'industrie chimique : validant l'hypothèse émise au chapitre précédent, la chimie allemande est en réalité pénalisée en scope 2 par sa consommation importante d'électricité plus qu'elle n'en tire l'avantage caché en scope 1.

Retenons donc à l'issue de ce travail que l'industrie française bénéficie d'un avantage significatif sur ses émissions de scope 2 quand l'industrie allemande, elle, se trouve pénalisée par la part encore élevée du charbon dans le mix électrique national.

Des réseaux de chaleur plus carbonés en Allemagne

En 2021, la chaleur directement achetée représentait 7 % du mix énergétique de l'industrie manufacturière en France et 8 % en Allemagne (voir figure 1.5). Comme le rappelle Sylvain Le Net, responsable Énergie chez France Chimie, cette source d'énergie est particulièrement adaptée aux besoins de l'industrie du papier carton ainsi que des industries chimique et pharmaceutique, qui recherchent généralement des températures inférieures à 100 °C. Or, lorsque cette chaleur industrielle émane de réseaux de chaleur et n'est pas autoproduite, les émissions associées à sa production relèvent du scope 2.

Dans ce chapitre, la chaleur n'est pas chiffrée dans le scope 2 de l'industrie manufacturière car le facteur d'émission global et national fait défaut à notre connaissance. Or, en matière de production de chaleur, rappelons que l'Allemagne présente là encore un mix énergétique plus carboné que celui de la France. Comme le montre la figure 6.5, la chaleur produite en Allemagne l'est essentiellement à partir d'énergies fossiles (72 % en 2021, répartis entre gaz naturel, charbon et pétrole) tandis que les énergies primaires décarbonées dominent le mix français (56 % en 2021, répartis entre la biomasse, les déchets et la géothermie).

Cette avance française en matière de réseaux de chaleur décarbonée fait écho à une politique française de soutien public exclusivement fléché vers la chaleur renouvelable, notamment dans le cadre du Fonds Chaleur, et ce depuis 2009. L'Allemagne, de son côté, soutient encore le recours au gaz naturel comme vecteur de décarbonation en sus des énergies renouvelables, notamment dans le cadre d'installations de cogénération (OFATE, 2017 ; OFATE, 2020). Par ailleurs, l'Allemagne

Figure 6.5 – Mix énergétique de la production de chaleur en 2021 (en % du volume de production brute exprimé en TJ)

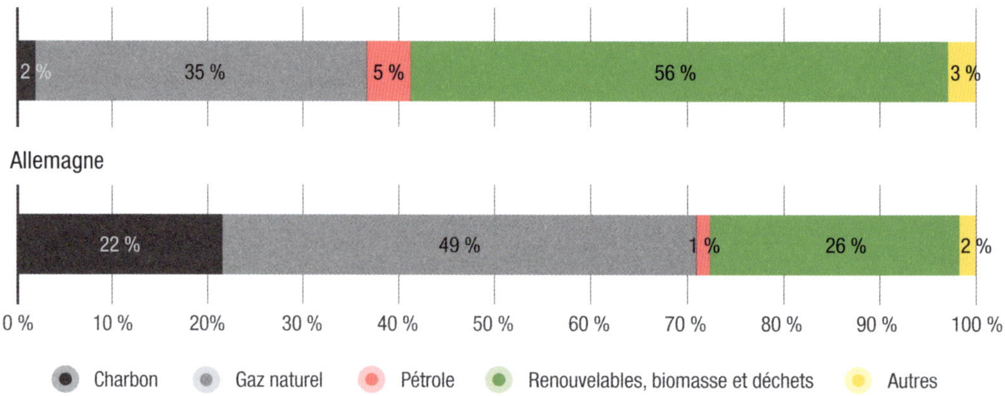

Source : Eurostat.

pâtit de sa dépendance systémique au charbon : comme l'indique Annabelle Livet, «*avec la production de charbon en Ruhr, c'est tout un réseau de chauffage urbain qui est issu des gaz qui s'échappaient des industries du charbon. Ce réseau a été poussé jusqu'à la région de Francfort. Cela vient compliquer davantage la sortie du charbon, par rapport à la France où une partie du chauffage résidentiel fonctionne déjà à l'électricité.*»

Le rôle à venir de l'électricité dans la décarbonation de l'industrie

Des besoins en électricité attendus à la hausse

L'électricité, même relativement plus carbonée comme en Allemagne, constitue à ce jour un des principaux leviers de décarbonation de l'industrie (Diop et Lolo, 2023) ; les besoins électriques de l'industrie sont ainsi appelés à croître fortement, et au même rythme, dans les deux pays. Entre 2018 et 2045, la consommation nette d'électricité de l'industrie devrait progresser de 39 % en France (+45 TWh, puis +20 TWh supplémentaires entre 2045 et 2050) et de 40 % en Allemagne (+91 TWh) d'après les scénarios respectifs du gestionnaire du réseau de transport d'électricité français RTE (scénario de référence) et de Prognos, Öko-Institut & Wuppertal Institut (2021).

Cette demande électrique nouvelle découle à la fois de l'électrification des procédés industriels, du recours aux technologies de séquestration et d'utilisation de CO_2 fatal (CCU/CCS) et, de façon indirecte (non couverte dans les projections ci-dessus), du recours croissant à l'hydrogène, dont la production par électrolyse est également électro-intensive.

Les arbitrages des industriels entre ces différents leviers électro-intensifs tiennent à la fois à des considérations économiques et à la nature des technologies et procédés de leur activité. Ainsi, la décarbonation de l'acier peut s'envisager *via* l'installa-

Figure 6.6 – Les leviers de décarbonation liés à l'électricité dans les industries lourdes

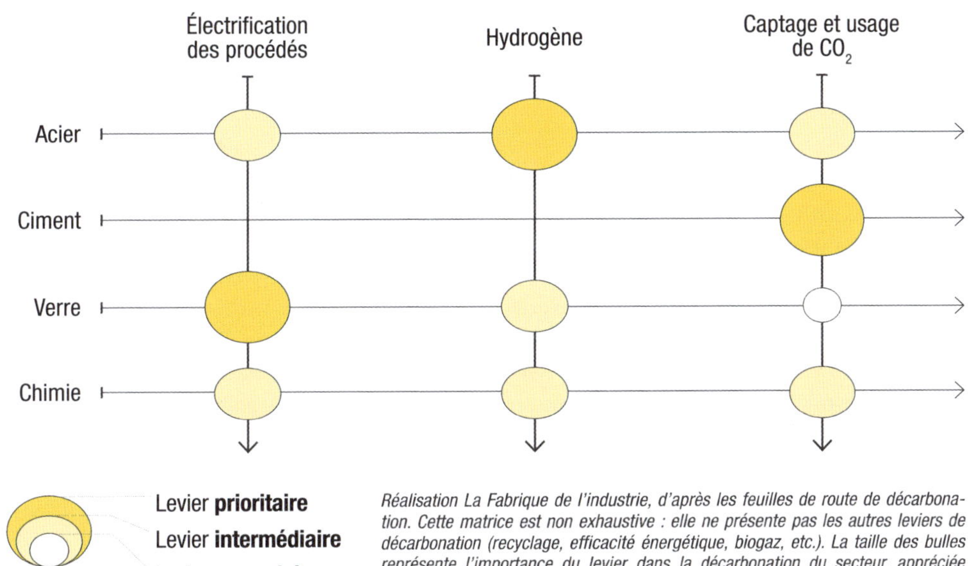

Réalisation La Fabrique de l'industrie, d'après les feuilles de route de décarbonation. Cette matrice est non exhaustive : elle ne présente pas les autres leviers de décarbonation (recyclage, efficacité énergétique, biogaz, etc.). La taille des bulles représente l'importance du levier dans la décarbonation du secteur, appréciée de manière qualitative.

tion d'unités de réduction directe du fer (*direct reduction of iron,* ou DRI) à partir d'hydrogène, qui remplacera le coke en haut-fourneau, en complément de la filière électrique existante[39]. Quant à l'industrie du ciment, elle mise surtout sur le captage et l'usage de CO_2 pour abattre ses émissions de procédés. Ce levier devrait assurer à lui seul 50 % de la décarbonation du secteur du ciment en Allemagne et jusqu'à 66 % en France d'après les feuilles de route des fédérations professionnelles VDZ et France Ciment.

La figure 6.6 positionne, de façon simplifiée, le poids de ces leviers de décarbonation induisant des besoins en électricité au sein des grandes industries émettrices.

Avec la décarbonation de l'électricité, vers la fin d'un avantage compétitif français ?

La décarbonation des émissions industrielles de scope 2 dépend donc non seulement des efforts des entreprises mais aussi de la décarbonation du mix électrique, qui est, elle, du ressort des États. La question se pose alors de savoir si les arbitrages énergétiques en cours en Allemagne sont de nature à réduire son retard par rapport à la France, et à quelle échéance.

Une accélération engagée en Allemagne

L'évolution du mix électrique allemand montre qu'un effort de décarbonation est en cours depuis les années 2010. Le rythme de décarbonation de la production électrique allemande a en effet plus que doublé par rapport aux deux décennies précédentes : le facteur d'émission national a baissé de 4,4 % par an en moyenne entre 2011 et 2020, contre −1,8 % sur la décennie 2000 et −1,7 % sur la décennie 1990 (valeurs annuelles présentées dans la figure 6.7).

> « L'évolution du mix électrique allemand montre qu'un effort de décarbonation est en cours depuis les années 2010. »

Cette accélération tient notamment à la chute de moitié de la production des centrales à charbon, en partie liée à l'augmentation du prix du carbone sur le SEQE-UE (Matthes, 2021), et au doublement concomitant de la production d'électricité renouvelable (voir figure 6.8). D'autres fermetures de centrales à charbon sont d'ailleurs attendues dans les années futures. Une étude du think tank britannique Carbon Tracker, publiée en 2017, prévoit que 100% des centrales européennes à char-

39. L'Allemagne compte, à ce jour, une seule unité DRI située à Hambourg et produisant 0,6 million de tonnes d'acier par an, soit seulement 1,5 % de la production nationale. En France, la filière est encore inexistante mais en projet. À date de novembre 2022, le recensement européen du cabinet McKinsey fait état de 8 projets d'unités de DRI annoncés en Allemagne et de 3 projets en France correspondant respectivement à 10-15 millions de tonnes d'acier par an et à 6-8 millions de tonnes d'acier par an.

Figure 6.7 – Évolution du facteur d'émission moyen de la production électrique nationale (en g éq. CO_2/kWh)

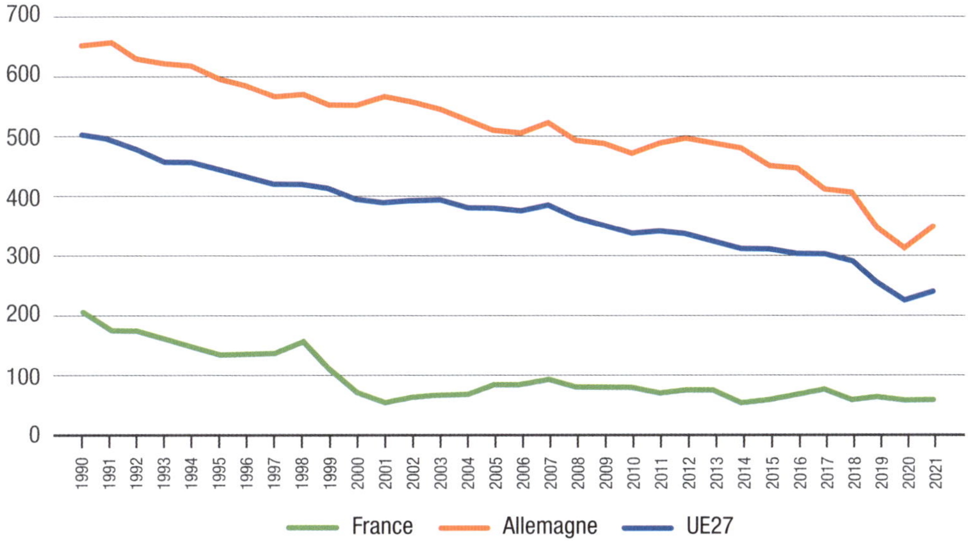

Source : Agence européenne de l'environnement.

bon seraient déficitaires à l'horizon 2030. D'après ce baromètre, l'Allemagne serait le pays d'Europe comptant le plus de centrales à charbon déficitaires ; leur fermeture permettrait d'économiser 12 Md€. En parallèle, l'augmentation de la production d'électricité renouvelable s'insère dans le cadre de la stratégie énergétique allemande (appelée *Energiewende*). Adoptée en 2000, la loi allemande sur les énergies renouvelables (dite EEG pour *Erneuerbare-Energien-Gesetz*), a fait notamment peser le financement des infrastructures renouvelables sur les consommateurs d'électricité allemands via un prélèvement sur le prix de l'électricité, une mesure qui a largement participé au développement des renouvelables outre-Rhin (Lepesant, 2022)[40].

40. Le prélèvement EEG a été supprimé au 1er juillet 2022 pour soulager la facture énergétique des consommateurs (23 Md€ au titre de cette surtaxe en 2018). Le gouvernement entend remplacer cette contribution financière par des subventions du budget fédéral et par les revenus du marché carbone national (à ne pas confondre avec le marché carbone européen, le SEQE).

Figure 6.8 – Évolution de la production annuelle brute d'électricité par type d'énergie primaire (en GWh)

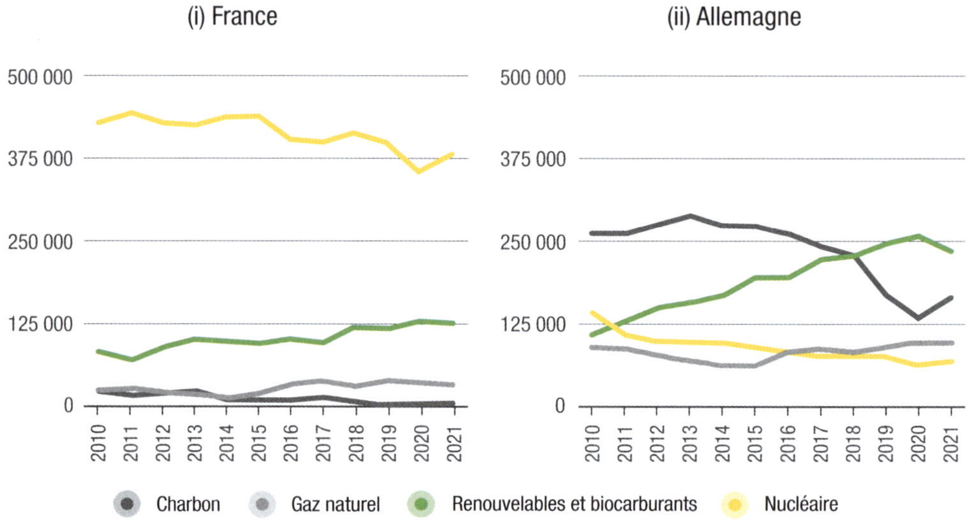

Source : Eurostat, hors gaz manufacturés, pétrole et produits pétroliers et déchets non renouvelables.

De fortes ambitions à l'horizon 2030

La comparaison des feuilles de route nationales de décarbonation (stratégie nationale bas carbone en France et *Federal Climate Change Act*, ou *Bundes-Klimaschutzgesetz* en Allemagne) révèle que les efforts de décarbonation ne pèsent pas sur les mêmes secteurs de part et d'autre du Rhin. En Allemagne, l'atteinte des objectifs de décarbonation à l'horizon 2030 repose surtout sur le secteur de l'énergie. Ce secteur représentait 36 % des émissions nationales en 2021 ; il est appelé à assurer, à lui seul, 49 % de la réduction des émissions entre 2021 et 2030 (voir figure 6.9). En comparaison, l'énergie ne représente que 11 % des émissions de la France et 11 % de l'effort à venir ; le premier secteur d'abattement en France est celui du bâtiment (tertiaire et résidentiel). En matière de contribution à l'effort de décarbonation à l'horizon 2030, l'industrie constitue, dans ce panorama, le deuxième secteur en Allemagne et le troisième en France.

Figure 6.9 – Objectifs de décarbonation des feuilles de route de la France et de l'Allemagne (émissions de GES en millions de tonnes équivalent CO_2)

	France			Allemagne		
	2021	**2030**	**Variation 2021-2030**	**2021**	**2030**	**Variation 2021-2030**
Énergie (*)	42	27	–36 %	280 (**)	108	–61 %
Industrie	78	45	–42 %	182	118	–35 %
Bâtiments	75	30	–60 %	113	67	–41 %
Transport	128	92	–28 %	145	85	–41 %
Agriculture	77	68	–11 %	68	56	–18 %
Total (hors déchets)	**400**	**262**	**–34 %**	**788**	**434**	**–45 %**

Sources : projet de stratégie nationale bas carbone 3 (France), Federal Climate Change Act 2021 (Allemagne), hors secteur du traitement des déchets. Traitement : La Fabrique de l'industrie.
(*) Le secteur de l'énergie inclut notamment la production d'électricité, le chauffage urbain et l'extraction de ressources.
(**) Donnée 2020 prise en compte ici, à défaut, comme donnée 2021.

De nombreuses incertitudes à moyen terme

En dépit de ces ambitions, plusieurs éléments laissent présager que le niveau d'émission moyen de la production électrique allemande n'atteindra pas celui de la France à l'horizon 2030.

Tout d'abord, l'agenda allemand de fermeture des centrales à charbon fait l'objet d'intenses discussions politiques. La loi de juillet 2020 avait fixé pour objectif une sortie du charbon à l'horizon 2038 « au plus tard », et cette échéance a été avancée à 2030 « dans l'idéal » par la nouvelle coalition en 2021. Or, la crise énergétique a impliqué la prolongation de plusieurs centrales à charbon pour faire face à l'arrêt d'approvisionnement en gaz naturel russe. Et, surtout, cet agenda est rediscuté au sein même du gouvernement. À titre de comparaison, l'arrêt des deux dernières centrales à charbon en France, initialement annoncé pour 2022, est à ce jour prévu pour 2027.

Ensuite, les ambitions élevées de l'Allemagne en matière d'énergies renouvelables doivent encore être mises à l'épreuve des faits. D'après l'agenda du gouvernement actuel, les énergies renouvelables sont censées atteindre 80 % du mix électrique en 2030 (contre un objectif de 40 % en France) et « presque 100 % » en 2035. Cet objectif fait face toutefois à plusieurs obstacles sur le terrain, en particulier sur le segment de l'éolien, première énergie renouvelable du pays (20 % de la production électrique en 2021). Les projets d'éoliennes terrestres se heurtent ainsi aux plaintes des associations de riverains ainsi qu'à des difficultés liées à l'octroi des autorisations administratives (Lepesant, 2022), en lien notamment avec des règles d'urbanisme strictes. À ces premiers freins s'ajoute, pour l'éolien en mer, une complexité de taille liée au raccordement au réseau terrestre (Lepesant, 2022) ; et pour cause, la façade maritime allemande est géographiquement éloignée des bassins de consommation, plutôt situés dans le sud du pays. Ce décalage nécessite des infrastructures d'interconnexion sur de très longues distances, qui représentent des chantiers lourds sur les plans technique, économique et administratif.

Enfin, les arbitrages en cours en matière d'énergies pilotables pourraient modifier le calendrier de décarbonation à l'horizon 2030. Pour compenser l'intermittence des énergies renouvelables et sécuriser son système électrique, l'Allemagne entend en effet privilégier le gaz naturel, admise outre-Rhin comme une énergie de transition incontournable (Lepesant, 2022). Cet arbitrage n'a pas été remis en cause par la crise énergétique de 2022, qui a pourtant révélé la dépendance du pays au gaz naturel russe[41] : en janvier 2023, le gouvernement allemand a fait part de son projet de doubler la capacité nationale de centrales à gaz, qui devront être converties à l'hydrogène entre 2035 et 2040[42]. Dans la foulée, en avril 2023, les trois dernières centrales nucléaires du pays ont cessé leur activité, achevant la sortie du nucléaire inscrite à l'agenda politique depuis 2011, à la suite de la catastrophe de Fukushima.

41. À l'aube de la crise énergétique, la Russie représentait à elle seule 66 % des importations allemandes de gaz naturel en 2021, contre 22 % pour comparaison en France d'après les bilans énergétiques d'Eurostat.

42. Ce projet sera en partie financé par des subventions publiques dans le cadre d'un régime d'aide d'État accordé par l'Union européenne à l'été 2023. Cette décision, justifiée par l'État allemand comme condition sine qua non de la rentabilité de l'investissement, interpelle toutefois les associations environnementales qui y voient une poursuite du financement public des énergies fossiles.

À long terme, la promesse d'une électricité européenne décarbonée

La France peut donc jouir pour quelques années encore de son électricité décarbonée comme d'un avantage comparatif. À plus long terme, les deux pays se sont engagés à atteindre la neutralité carbone à l'horizon 2050, dans le cadre de l'Accord de Paris et comme tous leurs partenaires européens. Dès lors, les émissions de GES de la production électrique ont vocation, au même titre que celles des autres secteurs, à tendre vers zéro à cet horizon.

« La France peut jouir pour quelques années encore de son électricité décarbonée comme d'un avantage comparatif. »

CONCLUSION

En scope 1, la France affiche une industrie manufacturière près de 30 % plus carbonée que l'Allemagne (380 g éq. CO_2 par euro de valeur ajoutée brute en France, contre 290 g éq. CO_2/€ VA brute pour son homologue allemande). Cet écart tient d'abord à un effet de composition sectorielle et plus précisément à la surreprésentation des industries carbo-intensives en France (21,0 % de la valeur ajoutée manufacturière française en 2021, contre 15,5 % outre-Rhin). À lui seul, cet effet explique 77 % de l'écart d'intensité carbone entre l'industrie française et l'industrie allemande. Un résidu supplémentaire, non chiffrable cette fois, tient également au fait que l'industrie française dégage relativement moins de valeur ajoutée que son homologue allemande, et ce en raison d'un positionnement différent dans les gammes de produits.

À l'échelle sectorielle, les écarts d'intensité carbone constatés dans les industries lourdes sont plus faibles et ne témoignent pas, là non plus, d'une avance ou d'un retard en matière de décarbonation. Plus prosaïquement, ils reflètent l'organisation de l'outil industriel et le mix de production au sein de chaque secteur. Dans l'industrie de l'acier par exemple, ce sont les parts respectives de la filière hauts-fourneaux et de la filière électrique qui sont déterminantes, la première étant quatre fois plus émettrice que la seconde. Dans le secteur du verre, il s'agit de la part du verre plat par rapport à celle du verre creux, ce dernier étant moins carboné car intégrant davantage de verre recyclé. Ces différences entre les outils industriels nationaux sont elles-mêmes tributaires du poids des marchés clients en aval. Si l'industrie verrière française est davantage positionnée sur le verre creux en comparaison de l'industrie allemande, c'est bien parce qu'elle compte les industries des boissons et du parfum parmi ses principaux débouchés, là où son homologue allemande fournit notamment, l'immense secteur de l'automobile en verres plats.

Quoi qu'il en soit, l'identification de biais statistiques ainsi que de quelques émissions cachées ça et là invite le lecteur à la plus grande prudence avant d'interpréter les écarts d'intensité carbone à l'échelle sectorielle. À titre d'exemple, des ruptures statistiques sont récemment survenues concernant le décompte des émissions allemandes de la sidérurgie et du raffinage de pétrole, compromettant la comparabilité de ces données dans le temps et dans l'espace. Écueil plus gênant encore, la sortie d'une partie des émissions du périmètre comptable du scope 1 induit, par endroits, une appréciation erronée des écarts d'intensité carbone. Dans l'industrie chimique par exemple, l'écart constaté en faveur de l'Allemagne tient à une surreprésentation de l'électricité et de la chaleur dans le mix énergétique du secteur, des énergies dont les émissions relèvent en effet du scope 2.

À ce titre, l'intégration du scope 2 (hors chaleur) de l'industrie est de nature à annuler l'écart franco-allemand initialement observé à l'échelle nationale, voire à l'inverser une fois ce poste cumulé avec l'effet de composition sectorielle. Indéniablement, l'électricité décarbonée représente, à ce jour et pour plusieurs années encore, un avantage comparatif pour la décarbonation de l'industrie en France.

Plusieurs enseignements émergent au terme de ce travail. D'un point de vue technique, cet ouvrage témoigne de la complexité de mener, encore à ce jour, des comparaisons internationales en matière environnementale. Il ouvre la voie à de nouveaux travaux poussant l'exercice de benchmark à l'échelle européenne et, le cas échéant, à davantage d'efforts d'harmonisation entre les structures d'inventaire d'émissions. D'un point de vue économique, il faut noter que l'intensité carbone, au-delà des travaux de recherche dont elle fait l'objet, a vocation à devenir un indicateur critique de compétitivité de l'industrie européenne, à mesure que les quotas carbone en circulation sur le SEQE sont de moins en moins nombreux et de moins en moins gratuits. Enfin, d'un point de vue environnemental, l'intégration des émissions indirectes de scope 2 rappelle que la décarbonation des entreprises industrielles dépend en partie des choix de mix énergétique aux mains des États.

Bibliographie

Ademe (2024). *Bilan national du recyclage 2012-2021.* [Rapport principal], mars 2024. https://librairie.ademe.fr/dechets-economie-circulaire/6959-bilan-national-du-recyclage-bnr-2012-2021.html

Artus, P., & Broyer, S. (2013). France-Allemagne : une comparaison des effets de gamme dans l'industrie. *Revue d'économie industrielle,* n° 144, 4e trimestre 2013. https://doi.org/10.4000/rei.5682

Bas, M., Fontagné, L., Martin, P., & Mayer, T. (2015). À la recherche des parts de marché perdues. *Notes du Conseil d'analyse économique,* n° 23, pp. 1-12. https://doi.org/10.3917/ncae.023.0001

Bersalli, G., Tröndle, T., & Lilliestam, J. (2023). Most industrialised countries have peaked carbon dioxide emissions during economic crises through strengthened structural change. *Communications Earth & Environment,* 4, 44. https://doi.org/10.1038/s43247-023-00687-8

Chang, J.-P., & Allemand, N. (2019). Le rôle du MRV dans les inventaires nationaux d'émissions de polluants atmosphériques. *Annales des Mines - Responsabilité & environnement,* n° 96, pp. 72-75. https://doi.org/10.3917/re1.096.0072

Chevallier, F. (2019). Chronique d'une réduction des émissions de dioxyde de soufre (SO2) dans le secteur du raffinage. *Annales des Mines - Responsabilité & environnement,* n° 96, pp. 86-89. https://doi.org/10.3917/re1.096.0086

Collard, F. (2021). Les COP sur les changements climatiques. *Courrier hebdomadaire du CRISP,* n° 2486-2487, pp. 5-68. https://doi.org/10.3917/cris.2486.0005

Commission de coopération environnementale (2012). *Évaluation de la comparabilité des inventaires nord-américains des émissions de gaz à effet de serre et de carbone noir.* http://www.cec.org/files/documents/publications/10938-assessment-comparability-greenhouse-gas-and-black-carbon-emissions-inventories-fr.pdf

Commission européenne (2021). *Update of benchmark values for the years 2021 – 2025 of phase 4 of the EU ETS. Benchmark curves and key parameters.* 12 October 2021. https://climate.ec.europa.eu/system/files/2021-10/policy_ets_allowances_bm_curve_factsheets_en.pdf

Conseil national de l'industrie (2021). *Panorama et enjeux de la filière « Aciéries électriques »,* décembre 2021. https://www.conseil-national-industrie.gouv.fr/actualites/comites-strategiques-de-filiere/mines-et-metallurgie/panorama-et-enjeux-de-la-filiere-acieries-electriques

Conseil national de l'industrie (2023). *Conseil national de l'industrie dédié à la planification écologique.* [Dossier de presse], 23 juin 2023. https://presse.economie.gouv.fr/22062023-dp-conseil-national-de-lindustrie-dedie-a-la-planification-ecologique/

Dartois, P., & Suderie, M. (2022). *Couvrir nos besoins énergétiques : 2050 se prépare aujourd'hui.* Les Notes de La Fabrique. Presses des Mines. https://www.la-fabrique.fr/fr/publication/couvrir-nos-besoins-energetiques-2050-se-prepare-aujourdhui/

Diop, A., & Lolo, D. (2023). *Les grandes entreprises sur la voie de la sobriété énergétique.* Les Notes de La Fabrique. Presses des Mines. https://www.la-fabrique.fr/fr/publication/les-grandes-entreprises-sur-la-voie-de-la-sobriete-energetique/

Guillaumat-Tailliet, F. (1987). La France et l'énergie nucléaire : réflexions sur des choix. *Observations et diagnostics économiques,* Revue de l'OFCE, n° 19, pp. 189-227. https://doi.org/10.3406/ofce.1987.1096

Hasanbeigi, A., Arens, M., Cardenas, J., Price, L., & Triolo, R. (2016). Comparison of carbon dioxide emissions intensity of steel production in China, Germany, Mexico, and the United States. *Resources, Conservation and Recycling,* vol. 113, pp. 127-139. October 2016. https://doi.org/10.1016/j.resconrec.2016.06.008

HBN (2018). *Chlorine and Building Materials. A Global Inventory of Production Technologies, Markets, and Pollution. Phase 1: Africa, The Americas, and Europe.* July 2018. https://asbp.org.uk/wp-content/uploads/2018/08/Chlorine-Building-Materials-Phase-1-v2.pdf

Ifen (2006). NAMEA, un outil pour relier activités économiques et pressions environnementales. *Les dossiers ifen,* n° 4. Institut français de l'environnement. https://side.developpement-durable.gouv.fr/Default/doc/SYRACUSE/43607/namea-un-outil-pour-relier-activites-economiques-et-pressions-environnementales

Insee (2022). Un tiers de l'empreinte carbone de l'Union européenne est dû à ses importations. *Insee Analyses,* n° 74. https://www.insee.fr/fr/statistiques/6474294

Lamoureux, M. (2021). La politique de l'énergie : l'esprit de solidarité a-t-il été incarné ? in Brosset, E., Mehdi, R., & Rubio, N., *Solidarité et droit de l'Union européenne. Un principe à l'épreuve.* DICE Éditions, pp. 111-119. https://doi.org/10.4000/books.dice.2897

Lepesant, G. (2022). Vers une transition énergétique allemande adossée aux énergies renouvelables et au gaz ? *Allemagne d'aujourd'hui,* n° 239, pp. 89-99. https://doi.org/10.3917/all.239.0089

Livet, A. (2022). L'Allemagne et l'énergie nucléaire : vers un réajustement nécessaire ? *Recherches & Documents,* n° 11. Fondation pour la recherche stratégique, septembre 2022. https://www.frstrategie.org/sites/default/files/documents/publications/recherches-et-documents/2022/112022-3.pdf

Livet, A. (2023). Crise énergétique : quels enjeux pour l'Allemagne ? *Défense & Industries,* n° 17. Fondation pour la recherche stratégique, juin 2023. https://www.frstrategie.org/sites/default/files/documents/publications/defense-et-industries/2023/5.pdf

Matthes, F. C. (2021). La sortie du charbon pour la production d'électricité en Allemagne : un modèle pour l'Europe ? *Études de l'Ifri,* Ifri, avril 2021. https://www.ifri.org/fr/publications/etudes-de-lifri/sortie-charbon-production-delectricite-allemagne-un-modele-leurope

OFATE (2017). *Introduction à la cogénération en France et en Allemagne.* [Note de synthèse], avril 2017. https://energie-fr-de.eu/fr/efficacite-chaleur/actualites/lecteur/introduction-a-la-cogeneration-en-france-et-en-allemagne.html

OFATE (2020). *Les réseaux de chaleur en France et en Allemagne : développement, mécanismes de soutien, planification et acteurs.* [Mémo], janvier 2020. https://energie-fr-de.eu/fr/efficacite-chaleur/actualites/lecteur/memo-sur-les-reseaux-de-chaleur-en-france-et-en-allemagne.html

Prognos, Öko-Institut & Wuppertal Institut (2021). *Towards a Climate-Neutral Germany by 2045. How Germany can reach its climate targets before 2050.* https://static.agora-energiewende.de/fileadmin/Projekte/2021/2021_04_KNDE45/A-EW_213_KNDE2045_Summary_EN_WEB.pdf

Rottner, E., & von Graevenitz, K. (2022). *What drives Carbon Emissions in German Manufacturing: Scale, Technique or Composition?* ZEW - Centre for European Economic Research, Discussion Paper No. 21-027. http://dx.doi.org/10.2139/ssrn.3805650

Sautard, R., Tazi, A. & Thubin, C. (2014). Quel positionnement « hors-prix » de la France parmi les économies avancées ? *Trésor-Éco,* Lettre n° 122. https://www.tresor.economie.gouv.fr/Articles/2014/01/07/tresor-eco-n-122-quel-positionnement-hors-prix-de-la-france-parmi-les-economies-avancees

Scarlat, N., Prussi, M., & Padella, M. (2022). *Quantification of the carbon intensity of electricity produced and used in Europe. Applied Energy,* vol. 305. https://doi.org/10.1016/j.apenergy.2021.117901

SDES (2022). *Les facteurs d'évolution des émissions de CO_2 liées à l'énergie en France de 1990 à 2020.* Datalab, septembre 2022. https://www.statistiques.developpement-durable.gouv.fr/les-facteurs-devolution-des-emissions-de-co2-liees-lenergie-en-france-de-1990-2020

Annexes

Annexe I – Estimation de l'intensité carbone de l'industrie manufacturière allemande à tissu industriel identique à la France

Figure I.a – Estimation avec la cokéfaction-raffinage

	Allemagne	Allemagne	France	Allemagne	Allemagne	Allemagne
	VA brute (en M€ courants)	Ventilation sectorielle de la VA	Ventilation sectorielle de la VA	VA après déformation (en M€ courants)	Intensité carbone initiale (en g éq. CO_2/€ VA brute)	Émissions après déformation (en tonnes)
Industrie manufacturière	**684 032**	**100,0 %**	**100,0 %**	**684 032**	**290,3**	**281 541 567**
Industrie agroalimentaire	49 879	7,3 %	19,3 %	131 735	222,6	29 323 815
Industrie du textile, habillement, cuir et chaussure	7 334	1,1 %	2,6 %	17 605	92,0	1 619 768
Travail du bois et du liège, hors meubles ; vannerie et sparterie	9 720	1,4 %	1,8 %	12 435	63,9	794 391
Industrie du papier et du carton	10 547	1,5 %	1,9 %	13 082	711,7	9 311 079
Imprimerie et reproduction d'enregistrements	6 792	1,0 %	1,4 %	9 521	86,9	827 276
Cokéfaction-raffinage	5 256	0,8 %	1,8 %	12 059	5 352,3	64 546 430
Industrie chimique	51 142	7,5 %	10,5 %	71 815	653,7	46 943 850
Industrie pharmaceutique	28 710	4,2 %	5,2 %	35 604	31,0	1 104 934
Fabrication de produits en caoutchouc et en plastique	32 095	4,7 %	4,1 %	27 786	72,4	2 011 226
Fabrication d'autres produits minéraux non métalliques	19 319	2,8 %	3,6 %	24 479	1 912,7	46 821 361
Métallurgie	19 907	2,9 %	3,2 %	22 174	3 023,3	67 037 233
Fabrication de produits métalliques hors machines et équipements	59 226	8,7 %	8,4 %	57 759	52,2	3 016 644

	Allemagne	Allemagne	France	Allemagne	Allemagne	Allemagne
	VA brute (en M€ courants)	Ventilation sectorielle de la VA	Ventilation sectorielle de la VA	VA après déformation (en M€ courants)	Intensité carbone initiale (en g éq. CO_2/€ VA brute)	Émissions après déformation (tonnes)
Fabrication de produits informatiques, électroniques et optiques	45 402	6,6 %	5,5 %	37 573	24,9	935 411
Fabrication d'équipements électriques	45 552	6,7 %	2,9 %	19 947	18,6	371 130
Fabrication de machines et d'équipements non classés ailleurs	105 264	15,4 %	5,2 %	35 513	32,5	1 154 036
Industrie automobile et fabrication d'autres matériels de transport	143 585	21,0 %	10,2 %	69 576	43,5	3 029 444
dont industrie automobile	127 817	18,7 %	4,2 %	28 712	45,0	1 290 602
dont fabrication d'autres matériels de transport	15 768	2,3 %	6,0 %	40 865	32,1	1 312 458
Fabrication de meubles ; autres industries manufacturières	27 700	4,0 %	3,2 %	22 137	31,8	703 145
Réparation et installation de machines et d'équipements	16 602	2,4 %	9,2 %	63 232	31,5	1 990 395

Étapes : (1) application de la ventilation sectorielle française ; (2) multiplication de la valeur ajoutée avec l'intensité carbone initiale ; (3) somme des émissions sectorielles ; (4) déduction de la nouvelle intensité carbone à l'échelle de toute l'industrie.
En croisant le volume d'émissions (après déformation du tissu industriel) avec la valeur ajoutée de l'industrie manufacturière, l'intensité carbone s'élève à ***411,6 g éq. CO_2/€ de valeur ajoutée brute****.*
Estimations La Fabrique de l'industrie d'après Eurostat, données 2021.

Figure I.b – Estimation hors cokéfaction-raffinage

	Allemagne	Allemagne	France	Allemagne	Allemagne	Allemagne
	VA brute (en M€ courants)	Ventilation sectorielle de la VA	Ventilation sectorielle de la VA	VA après déformation (en M€ courants)	Intensité carbone initiale (en g éq. CO_2/€ VA brute)	Émissions après déformation (en tonnes)
Industrie manufacturière (hors cokéfaction-raffinage)	**678 776**	**100,0 %**	**100,0 %**	**678 776**	**251,1**	**219 192 135**
Industrie agroalimentaire	49 879	7,3 %	19,6 %	133 068	222,6	29 620 708
Industrie du textile, habillement, cuir et chaussure	7 334	1,1 %	2,6 %	17 783	92,0	1 636 167
Travail du bois et du liège, hors meubles ; vannerie et sparterie	9 720	1,4 %	1,9 %	12 561	63,9	802 434
Industrie du papier et du carton	10 547	1,6 %	1,9 %	13 215	711,7	9 405 350
Imprimerie et reproduction d'enregistrements	6 792	1,0 %	1,4 %	9 618	86,9	835 652
Industrie chimique	51 142	7,5 %	10,7 %	72 542	653,7	47 419 139
Industrie pharmaceutique	28 710	4,2 %	5,3 %	35 964	31,0	1 116 121
Fabrication de produits en caoutchouc et en plastique	32 095	4,7 %	4,1 %	28 067	72,4	2 031 589
Fabrication d'autres produits minéraux non métalliques	19 319	2,8 %	3,6 %	24 727	1 912,7	47 295 411
Métallurgie	19 907	2,9 %	3,3 %	22 398	3 023,3	67 715 961
Fabrication de produits métalliques hors machines et équipements	59 226	8,7 %	8,6 %	58 344	52,2	3 047 187

	Allemagne	Allemagne	France	Allemagne	Allemagne	Allemagne
	VA brute (en M€ courants)	Ventilation sectorielle de la VA	Ventilation sectorielle de la VA	VA après déformation (en M€ courants)	Intensité carbone initiale (en g éq. CO_2/€ VA brute)	Émissions après déformation (en tonnes)
Fabrication de produits informatiques, électroniques et optiques	45 402	6,7 %	5,6 %	37 954	24,9	944 882
Fabrication d'équipements électriques	45 552	6,7 %	3,0 %	20 149	18,6	374 887
Fabrication de machines et d'équipements non classés ailleurs	105 264	15,5 %	5,3 %	35 872	32,5	1 165 720
Industrie automobile et fabrication d'autres matérels de transport	143 585	21,2 %	10,4 %	70 281	43,5	2 629 416
dont industrie automobile	127 817	18,8 %	4,3 %	29 002	45,0	1 303 669
dont fabrication d'autres matériels de transport	15 768	2,3 %	6,1 %	41 279	32,1	1 325 747
Fabrication de meubles ; autres industries manufacturières	27 700	4,1 %	3,3 %	22 361	31,8	710 264
Réparation et installation de machines et d'équipements	16 602	2,4 %	9,4 %	63 872	31,5	2 010 547

Étapes : (1) application de la ventilation sectorielle française ; (2) multiplication de la valeur ajoutée avec l'intensité carbone initiale ; (3) somme des émissions sectorielles ; (4) déduction de la nouvelle intensité carbone à l'échelle de toute l'industrie.
*En croisant le volume d'émissions (après déformation du tissu industriel) avec la valeur ajoutée de l'industrie manufacturière, l'intensité carbone s'élève à **322,9 g éq. CO_2/€ de valeur ajoutée brute**.*
Estimations La Fabrique de l'industrie d'après Eurostat, données 2021.

Annexe II – Mix énergétique de l'industrie manufacturière en 2021 (en % des volumes énergétiques exprimés en TJ)

Figure II.a – Mix énergétique de l'industrie manufacturière en France

	Combustibles fossiles solides	Gaz naturel	Pétrole et produits pétroliers	Renouvelables et biocarburants	Déchets non renouvelables	Électricité	Chaleur	Total
Industrie manufacturière (hors cokéfaction raffinage)	**4 %**	**41 %**	**6 %**	**5 %**	**1 %**	**36 %**	**7 %**	**100 %**
Industrie agroalimentaire	5 %	43 %	5 %	3 %	0 %	38 %	6 %	100 %
Industrie du textile, habillement, cuir et chaussure	0 %	42 %	7 %	0 %	0 %	49 %	2 %	100 %
Travail du bois et du liège, hors meubles ; vannerie et sparterie	0 %	9 %	4 %	52 %	0 %	32 %	3 %	100 %
Industrie du papier et du carton	1 %	32 %	2 %	26 %	1 %	24 %	15 %	100 %
Imprimerie et reproduction d'enregistrements	0 %	29 %	3 %	0 %	1 %	65 %	1 %	100 %
Industrie chimique	5 %	51 %	1 %	2 %	0 %	26 %	15 %	100 %
Industrie pharmaceutique	0 %	30 %	1 %	1 %	0 %	47 %	21 %	100 %
Fabrication de produits en caoutchouc et en plastique	0 %	39 %	3 %	0 %	0 %	54 %	4 %	100 %
Fabrication d'autres produits minéraux non métalliques	7 %	39 %	23 %	3 %	9 %	18 %	0 %	100 %
Métallurgie	3 %	39 %	1 %	0 %	0 %	55 %	1 %	100 %

	Combus-tibles fossiles solides	Gaz naturel	Pétrole et produits pétroliers	Renouve-lables et biocarbu-rants	Déchets non renouve-lables	Électri-cité	Chaleur	Total
Fabrication de produits métalliques hors machines et équipements	1 %	36 %	6 %	0 %	0 %	57 %	0 %	100 %
Fabrication de produits informatiques, électroniques et optiques	0 %	14 %	1 %	0 %	0 %	84 %	1 %	100 %
Fabrication d'équipements électriques	4 %	36 %	2 %	0 %	0 %	56 %	1 %	100 %
Fabrication de machines et équipements non classés ailleurs	0 %	38 %	7 %	0 %	0 %	53 %	2 %	100 %
Industrie automobile et fabrication d'autres matérels de transport	0 %	37 %	2 %	2 %	0 %	57 %	2 %	100 %
Fabrication de meubles ; autres industries manufacturières	0 %	38 %	4 %	8 %	0 %	50 %	0 %	100 %

Source : Eurostat, données 2021. Traitement : La Fabrique de l'industrie.

Figure II.b – Mix énergétique de l'industrie manufacturière en Allemagne

	Combustibles fossiles solides	Gaz naturel	Pétrole et produits pétroliers	Renouvelables et biocarburants	Déchets non renouvelables	Électricité	Chaleur	Total
Industrie manufacturière (hors cokéfaction raffinage)	**6 %**	**38 %**	**4 %**	**6 %**	**2 %**	**36 %**	**8 %**	**100 %**
Industrie agroalimentaire	4 %	56 %	3 %	1 %	0 %	31 %	6 %	100 %
Industrie du textile, habillement, cuir et chaussure	1 %	50 %	4 %	0 %	0 %	42 %	3 %	100 %
Travail du bois et du liège, hors meubles ; vannerie et sparterie	0 %	6 %	1 %	68 %	0 %	22 %	3 %	100 %
Industrie du papier et du carton	4 %	37 %	1 %	12 %	3 %	31 %	13 %	100 %
Imprimerie et reproduction d'enregistrements	0 %	38 %	1 %	0 %	0 %	55 %	5 %	100 %
Industrie chimique	2 %	40 %	6 %	0 %	1 %	32 %	18 %	100 %
Industrie pharmaceutique	0 %	40 %	1 %	3 %	1 %	34 %	20 %	100 %
Fabrication de produits en caoutchouc et en plastique	0 %	29 %	3 %	0 %	0 %	63 %	5 %	100 %
Fabrication d'autres produits minéraux non métalliques	20 %	37 %	6 %	8 %	13 %	16 %	0 %	100 %
Métallurgie	10 %	40 %	2 %	0 %	0 %	47 %	1 %	100 %

	Combustibles fossiles solides	Gaz naturel	Pétrole et produits pétroliers	Renouvelables et biocarburants	Déchets non renouvelables	Électricité	Chaleur	Total
Fabrication de produits métalliques hors machines et équipements	0 %	41 %	4 %	1 %	0 %	52 %	2 %	100 %
Fabrication de produits informatiques, électroniques et optiques	0 %	26 %	1 %	1 %	0 %	59 %	12 %	100 %
Fabrication d'équipements électriques	0 %	29 %	3 %	0 %	0 %	60 %	8 %	100 %
Fabrication de machines et équipements non classés ailleurs	1 %	36 %	5 %	2 %	1 %	51 %	5 %	100 %
Industrie automobile et fabrication d'autres matérels de transport	5 %	36 %	2 %	1 %	0 %	48 %	8 %	100 %
Fabrication de meubles ; autres industries manufacturières	0 %	18 %	29 %	21 %	0 %	27 %	6 %	100 %

Source : Eurostat, données 2021. Traitement : La Fabrique de l'industrie.

Annexe III – Consommation et intensité énergétiques de l'industrie manufacturière en 2021

Figure III.a – Consommation d'énergie de l'industrie manufacturière en France et en Allemagne (en TJ)

	France	Allemagne
Industrie manufacturière (hors cokéfaction-raffinage)	**1 057 836**	**2 135 255**
Industrie agroalimentaire	216 723	218 348
Industrie du textile, habillement, cuir et chaussure	9 939	15 454
Travail du bois et du liège, hors meubles ; vannerie et sparterie	26 432	79 535
Industrie du papier et du carton	92 602	212 901
Imprimerie et reproduction d'enregistrements	4 875	11 440
Industrie chimique	237 179	552 540
Industrie pharmaceutique	15 138	22 130
Fabrication de produits en caoutchouc et en plastique	41 741	76 552
Fabrication d'autres produits minéraux non métalliques	157 940	290 898
Métallurgie	137 824	296 757
Fabrication de produits métalliques hors machines et équipements	34 513	84 846
Fabrication de produits informatiques, électroniques et optiques	9 994	29 320
Fabrication d'équipements électriques	11 568	25 703
Fabrication de machines et d'équipements non classés ailleurs	13 242	69 028
Industrie automobile et fabrication d'autres matériels de transport	38 588	106 193
Fabrication de meubles ; autres industries manufacturières	9 537	43 610

Source : Eurostat, hors cokéfaction-raffinage et réparation et installation de machines et d'équipements (données de consommation énergétique indisponibles).

Figure III.b – Intensité énergétique de l'industrie manufacturière en France et en Allemagne (en TJ/M€ de VA)

	France	Allemagne
Industrie manufacturière (hors cokéfaction-raffinage)	**4,8**	**3,1**
Industrie agroalimentaire	5,0	4,4
Industrie du textile, habillement, cuir et chaussure	1,7	2,1
Travail du bois et du liège, hors meubles ; vannerie et sparterie	6,4	8,2
Industrie du papier et du carton	21,4	20,2
Imprimerie et reproduction d'enregistrements	1,5	1,7
Industrie chimique	10,0	10,8
Industrie pharmaceutique	1,3	0,8
Fabrication de produits en caoutchouc et en plastique	4,5	2,4
Fabrication d'autres produits minéraux non métalliques	19,5	15,1
Métallurgie	18,8	14,9
Fabrication de produits métalliques hors machines et équipements	1,8	1,4
Fabrication de produits informatiques, électroniques et optiques	0,8	0,6
Fabrication d'équipements électriques	1,8	0,6
Fabrication de machines et d'équipements non classés ailleurs	1,1	0,7
Industrie automobile et fabrication d'autres matériels de transport	1,7	0,7
Fabrication de meubles ; autres industries manufacturières	1,3	1,6

Source : Eurostat, hors cokéfaction-raffinage et réparation et installation de machines et d'équipements (données de consommation énergétique indisponibles).

Annexe IV – Données de production utilisées pour le calcul des intensités carbone en France et en Allemagne (en milliers de tonnes)

		2008	2009	2010	2011	2012	2013
Production de coke (Eurostat)	France	4 488	3 222	3 151	2 958	3 205	3 332
	Allemagne	8 246	6 771	8 150	7 990	8 050	8 273
Production d'acier (Citepa et World Steel Association)	France	18 137	13 548	15 989	16 030	15 653	15 692
	Allemagne	45 800	32 700	43 800	44 300	42 700	42 600
Production de ciment (France Ciment et VDZ)	France	25 249	21 379	18 811	20 191	18 707	18 193
	Allemagne	33 581	30 441	29 915	33 540	32 432	31 308
Production de verre (Citepa et BV Glass)	France	5 707	4 986	5 267	5 620	5 395	5 274
	Allemagne	7 514	6 784	7 164	7 342	7 080	7 256
Volume de pétrole brut entrant en raffinerie (Eurostat)	France	85 491	73 704	66 851	67 368	58 733	57 359
	Allemagne	110 149	102 561	96 839	95 026	96 531	94 112

Sources : Eurostat, Citepa, World Steel Association, France Ciment, VDZ et BV Glass ; hors chimie.
(*) Estimation du Citepa.

2014	2015	2016	2017	2018	2019	2020	2021	*Variation 2008-2021*
3 237	3 214	3 127	3 250	3 200	3 113	2 312	2 367*	*–47 %*
8 770	8 800	9 387	9 392	9 361	8 822	7 872	8 247	*0 %*
16 368	15 086	14 451	15 599	15 449	14 588	11 590	13 542	*–25 %*
42 900	42 700	42 100	43 400	42 400	39 700	35 700	40 100	*–12 %*
17 115	16 168	16 449	17 355	17 077	17 214	16 901	17 974	*–29 %*
32 099	31 160	32 674	33 991	33 655	34 186	35 485	35 622	*6 %*
5 445	5 501	5 209	5 637	5 724	5 736	5 048	5 618	*–2 %*
7 459	7 398	7 477	7 552	7 608	7 378	7 395	7 803	*4 %*
56 425	59 323	57 811	58 481	55 207	49 762	33 909	34 756	*–59 %*
92 702	95 009	95 706	94 614	89 119	88 589	85 427	85 435	*–22 %*

Annexe V – Intensité carbone de la production de ciment par type de produit (en kg de CO_2/tonne de ciment produite)

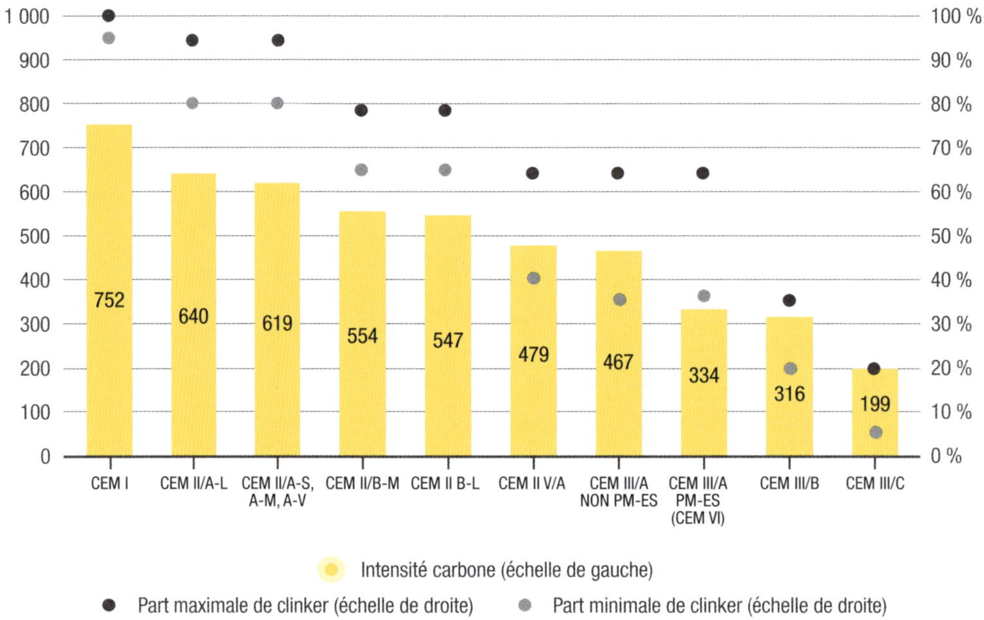

Source : France Ciment, février 2023.

Annexe VI – Intensité carbone de la production européenne de verre par type de produit (en kg d'éq. CO_2/tonne de verre produite)

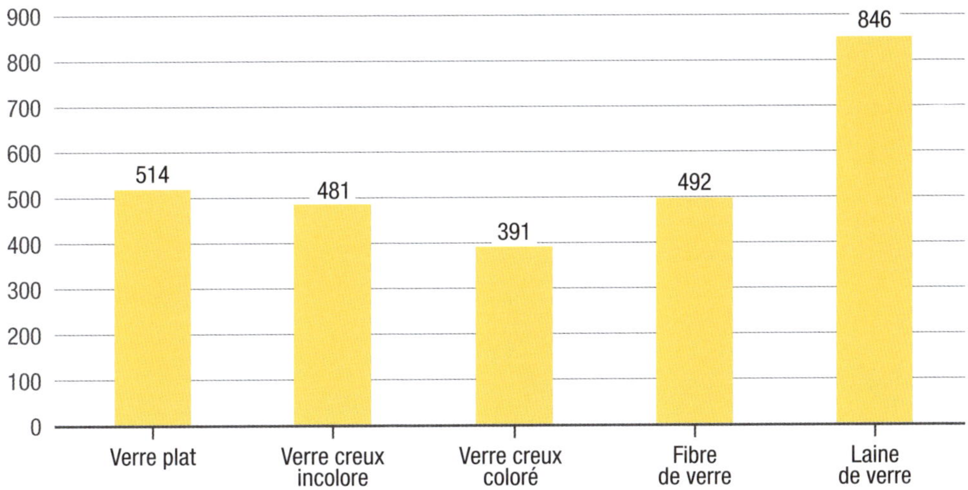

Source : Commission européenne (2021), valeurs moyennes en 2016-2017 à l'échelle des installations industrielles européennes soumises au SEQE.

Annexe VII – Intensité carbone des moyens de production électrique (en g éq. CO_2/kWh)

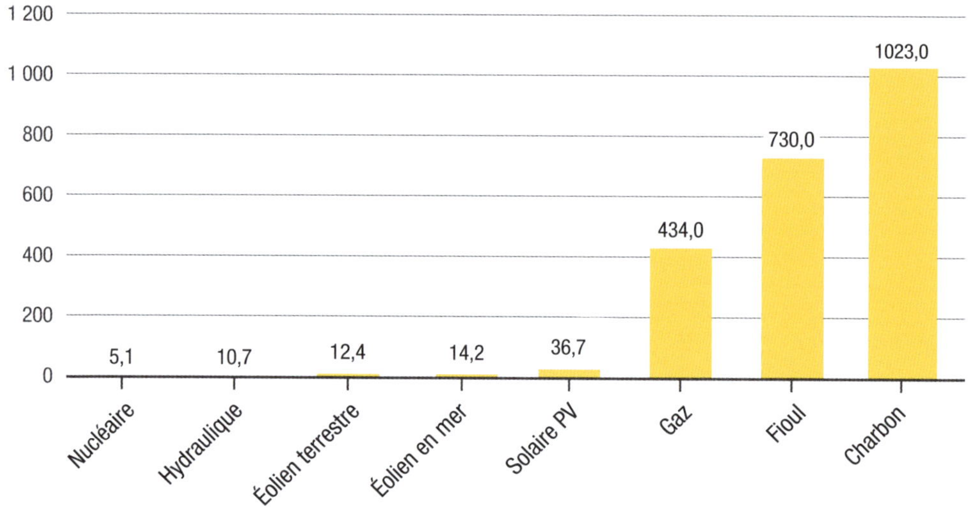

Sources : Unece et Ademe in *Dartois & Suderie (2022).*

Annexe VIII – Facteur d'émission moyen de la production électrique nationale en 2021 (en g éq. CO_2/kWh)

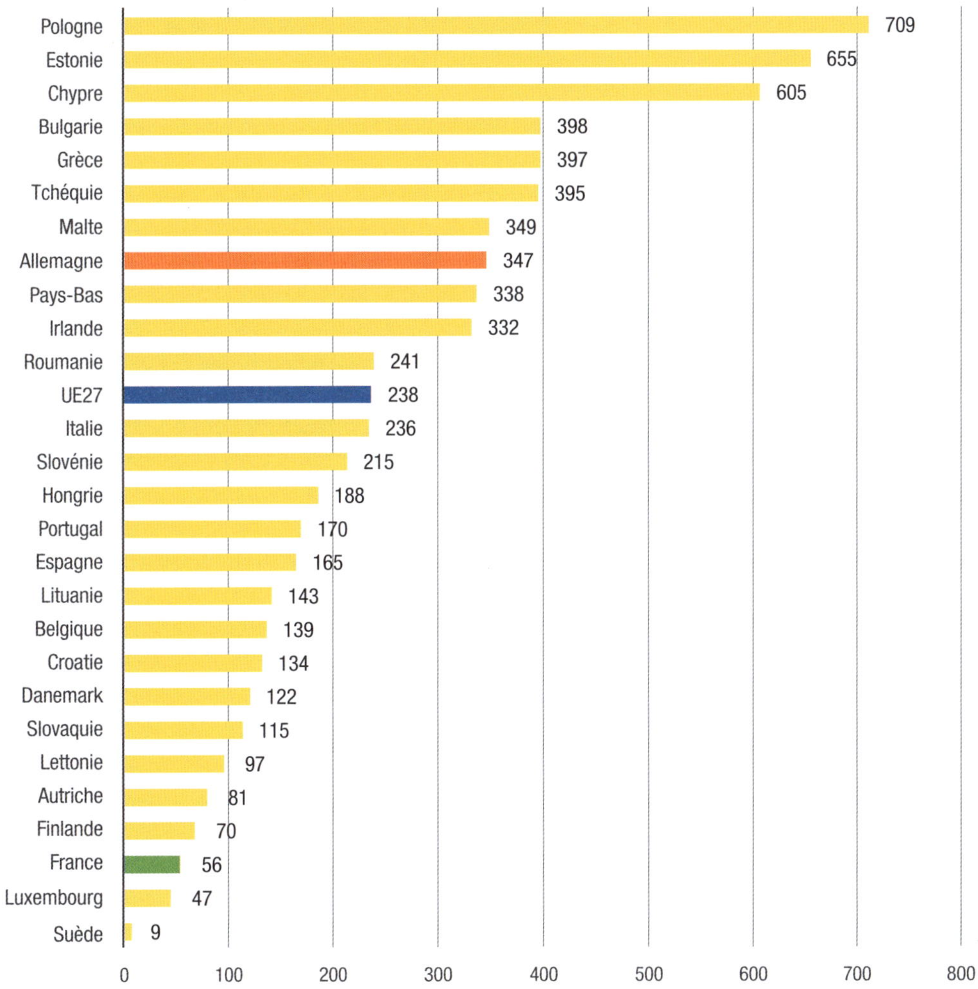

Source : Agence européenne de l'environnement.

Annexe IX – Estimation de l'intensité carbone indirecte en France et en Allemagne en 2021 (en g éq. CO_2/€ de

Figure IX.a – Estimations pour l'industrie manufacturière en France

	Intensité carbone directe (scope 1)	Consommation d'électricité (en TWh)	Facteur d'émission (en g éq. CO_2/kWh)	Intensité carbone indirecte (scope 2)	Intensité carbone directe et indirecte (scopes 1 et 2)	*Part du scope 2*
Industrie manufacturière (hors cokéfaction-raffinage)	**344,3**	**106,8**	56	**26,9**	**371,3**	*7 %*
Industrie agroalimentaire	218,4	22,6		29,1	247,6	*12 %*
Industrie du textile, habillement, cuir et chaussure	69,1	1,4		13,0	82,1	*16 %*
Travail du bois et du liège, hors meubles ; vannerie et sparterie	109,1	2,4		32,1	141,3	*23 %*
Industrie du papier et du carton	569,1	6,1		78,7	647,8	*12 %*
Imprimerie et reproduction d'enregistrements	63,2	0,9		15,8	79,0	*20 %*
Industrie chimique	837,1	17,1		40,3	877,4	*5 %*
Industrie pharmaceutique	93,3	2,0		9,5	102,7	*9 %*
Fabrication de produits en caoutchouc et en plastique	87,3	6,3		38,3	125,6	*30 %*
Fabrication d'autres produits minéraux non métalliques	2 335,1	8,0		55,5	2 390,6	*2 %*
Métallurgie	2 470,9	21,1		161,5	2 632,5	*6 %*
Fabrication de produits métalliques hors machines et équipements	65,1	5,4		16,0	81,1	*20 %*
Fabrication de produits informatiques, électroniques et optiques	24,1	2,3		10,5	34,6	*30 %*
Fabrication d'équipements électriques	82,7	1,8		15,3	98,0	*16 %*
Fabrication de machines et d'équipements non classés ailleurs	48,4	2,0		9,3	57,8	*16 %*
Industrie automobile et fabrication d'autres matériels de transport	55,6	6,1		14,9	70,5	*21 %*
Fabrication de meubles ; autres industries manufacturières	39,1	1,3		10,1	49,2	*21 %*
Réparation et installation de machines et d'équipements	22,3	nd		nd	nd	*nd*

Estimations La Fabrique de l'industrie d'après Eurostat et Agence européenne de l'environnement.
Les intensités carbone sont exprimées en g éq. CO_2/€ de valeur ajoutée brute. nd : information non disponible.

(scope 2) de l'industrie manufacturière valeur ajoutée brute)

Figure IX.b – Estimations pour l'industrie manufacturière en Allemagne

	Intensité carbone directe (scope 1)	Consommation d'électricité (en TWh)	Facteur d'émission (en g éq. CO_2/kWh)	Intensité carbone indirecte (scope 2)	Intensité carbone directe et indirecte (scopes 1 et 2)	*Part du scope 2*
Industrie manufacturière (hors cokéfaction-raffinage)	**251,1**	**211,1**	347	**107,9**	**359,0**	*30 %*
Industrie agroalimentaire	222,6	18,5		128,8	351,4	*37 %*
Industrie du textile, habillement, cuir et chaussure	92,0	1,8		84,6	176,6	*48 %*
Travail du bois et du liège, hors meubles ; vannerie et sparterie	63,9	4,9		175,6	239,5	*73 %*
Industrie du papier et du carton	711,7	18,6		611,1	1 322,9	*46 %*
Imprimerie et reproduction d'enregistrements	86,9	1,7		89,3	176,2	*51 %*
Industrie chimique	653,7	49,6		336,9	990,5	*34 %*
Industrie pharmaceutique	31,0	2,1		25,1	56,2	*45 %*
Fabrication de produits en caoutchouc et en plastique	72,4	13,4		145,3	217,6	*67 %*
Fabrication d'autres produits minéraux non métalliques	1 912,7	12,8		229,1	2 141,8	*11 %*
Métallurgie	3 023,3	39,2		682,4	3 705,7	*18 %*
Fabrication de produits métalliques hors machines et équipements	52,2	12,2		71,6	123,8	*58 %*
Fabrication de produits informatiques, électroniques et optiques	24,9	4,8		37,0	61,9	*60 %*
Fabrication d'équipements électriques	18,6	4,3		32,7	51,3	*64 %*
Fabrication de machines et d'équipements non classés ailleurs	32,5	9,8		32,3	64,8	*50 %*
Industrie automobile et fabrication d'autres matériels de transport	43,5	14,1		34,2	77,7	*44 %*
Fabrication de meubles ; autres industries manufacturières	31,8	3,2		40,5	72,2	*56 %*
Réparation et installation de machines et d'équipements	31,5	nd		nd	nd	*nd*

Estimations La Fabrique de l'industrie d'après Eurostat et Agence européenne de l'environnement.
Les intensités carbone sont exprimées en g éq. CO_2/€ de valeur ajoutée brute. nd : information non disponible.

Déjà parus

Sur la même thématique, dans la collection des Notes de La Fabrique, aux Presses des Mines

---

M. Glachant et C. Mini, *Quand le carbone coûtera cher. L'effet sur la compétitivité industrielle de la tarification du carbone.* 2020.

A. Diop et D. Lolo, *Les grandes entreprises sur la voie de la sobriété énergétique,* 2023.

Dans la même collection, aux Presses des Mines

P. Dartois et M. Suderie, *Couvrir nos besoins énergétiques : 2050 se prépare aujourd'hui*, 2022.

C. Granier, *Refaire de l'industrie un projet de territoire*, 2023.

D. Lolo, V. Charlet et A. Diop, *Crise énergétique en Europe et protectionnisme américain : La réindustrialisation compromise ?,* 2023.

S. Bellit et V. Charlet, *L'innovation de rupture, terrain de jeu exclusif des start-up ? L'industrie française face aux technologies clés,* 2023.

P. Duarte, S. Duvillard, N. Gillio, T. Petit, *Foncier industriel et stratégies publiques locales : une articulation imparfaite,* 2024.

F. Ferchaud, A. Blein, J. Idt, D. Lecointre, F. Trautmann, H. Beraud, *Aménager la ville productive,* 2024.

P. Boquet et F. Pellerin, *Organisation responsabilisante : de l'idée à la réalisation,* 2024.

Les membres du conseil d'orientation de La Fabrique

La Fabrique de l'industrie est dotée d'un Conseil d'orientation, organe consultatif, qui veille à la qualité scientifique, à la pertinence et à l'originalité des travaux menés, à la diversité et à l'équilibre des points de vue. Les membres du Conseil y participent à titre personnel et n'engagent pas les entreprises ou institutions auxquels ils appartiennent. Leur participation n'implique pas adhésion à l'ensemble des messages, résultats ou conclusions, portés par La Fabrique de l'industrie.

À la date du 1er juin 2024, il est composé de :

Gabriel ARTERO, président d'honneur de la Fédération de la métallurgie CFE-CGC,

Vincent AUSSILLOUX, chef du département économie-finances de France Stratégie,

Hervé BAUDUIN, président de l'UIMM Lorraine,

Michel BERRY, fondateur et directeur de l'école de Paris du management,

Jean Michel BEZAT, journaliste au quotidien *Le Monde*,

Augustin BOURGUIGNAT, chargé de mission au Crédit Mutuel Alliance Fédérale,

Serge CATOIRE, directeur industrie à l'UIMM,

Pierre-André de CHALENDAR, ancien président du groupe Saint-Gobain, co-président de La Fabrique de l'industrie,

Marc CHEVALLIER, rédacteur en chef d'*Alternatives Économiques*,

Carole CHRÉTIEN, directrice des relations entreprises au CNRS,

Patricia CRIFO, professeure à l'École Polytechnique et chercheuse au CREST (CNRS),

Jean-Marie DANJOU, directeur général de l'Alliance Industrie du Futur (AIF),

Philippe DARMAYAN, ancien président d'ArcelorMittal France,

Stéphane DISTINGUIN, fondateur et président de Fabernovel, président du pôle de compétitivité Cap Digital,

Flora DONSIMONI, directrice générale de l'Institut de l'Entreprise,

Elizabeth DUCOTTET, PDG de Thuasne,

Pierre DUQUESNE, ancien ambassadeur, chargé de la coordination du soutien international au Liban,

Olivier FAVEREAU, professeur émérite en sciences économiques à l'université Paris X,

Jean-Pierre FINE, secrétaire général de l'UIMM,

Louis GALLOIS, ancien président du conseil de surveillance de PSA Groupe, co-président de La Fabrique de l'industrie,

François GEEROLF, économiste à l'OFCE et professeur d'économie à Sciences Po,

Frédéric GONAND, conseiller économique de l'UIMM, professeur associé de sciences économiques à l'université Paris-Dauphine,

Guillaume de GOYS, président d'Aluminium France,

Bruno JACQUEMIN, délégué général d'A3M,

Sébastien JEAN, professeur au Conservatoire national des arts et métiers (CNAM),

Éric KELLER, secrétaire fédéral de la fédération FO Métaux,

Élisabeth KLEIN, dirigeante de CFT Industrie,

Dorothée KOHLER, directeur général de KOHLER C&C,

Éric LABAYE, président d'IDEL Partners,

Isabelle LAUDIER, responsable de l'Institut pour la recherche de la Caisse des Dépôts

Emmanuel LECHYPRE, éditorialiste à BFM TV et BFM Business,

Xavier LECOQ, président du syndicat CFE-CGC sidérurgie,

Olivier LLUANSI, associé à Strategy&PWC,

Victoire de MARGERIE, président exécutif de Rondol,

Philippe MUTRICY, directeur de l'évaluation, des études et de la prospective de Bpifrance,

Hélène PESKINE, secrétaire permanente au Plan d'Urbanisme construction architecture au ministère de la Transition écologique,

Grégoire POSTEL-VINAY, ancien directeur de la stratégie à la Direction générale des entreprises, et rédacteur en chef des *Annales des Mines*,

Joseph PUZO, président d'AXON'CABLE SAS et du pôle de compétitivité Matéralia,

Xavier RAGOT, président de l'OFCE,

Olivier REDOULES, directeur des études de Rexecode,

Daniel RICHET, directeur général du CETIM,

Robin RIVATON, investment director – Venture Smart City chez Eurazeo,

Alexandra ROULET, professeure d'économie à l'Insead,

Frédéric SAINT-GEOURS, vice-président du conseil d'administration de la SNCF,

Ulrike STEINHORST, présidente de Nuria Conseil,

Michaël VALENTIN, associé fondateur d'OPEO,

Pierre VELTZ, ancien PDG de l'établissement public de Paris-Saclay,

Alain VERNA, directeur général de Toshiba Tec Europe,

Dominique VERNAY, président du pôle industrie de l'Académie des technologies,

Jean-Marc VITTORI, éditorialiste au quotidien *Les Echos*.